市場リスク・流動性リスクの評価手法と態勢構築

[監修]
森本祐司
Yuji Morimoto

[著]
栗谷修輔
Shusuke Kuritani

久田祥史
Yoshifumi Hisata

一般社団法人 金融財政事情研究会

監修の言葉

　「非常にむずかしい時代だな」とつくづく感じる。とにかく驚くような事象が次から次へと発生していて、国際的なバランスといった、根本的な部分から揺らぎかねないような不安を感じることも少なくない。未知のゾーンに突入している世界にどう対峙していけばよいのだろうか。
　金融機関にとってみても、地政学的な問題に加え、市場の状況（金融緩和がもたらす影響など）や規制上の議論などが次々に降りかかっている。さらには、国内の人口動態問題や地域活性化の課題などものしかかってくる。さて、何をすべきなのか。
　これはかなりの難題である。もはや「こうしたらよい」などという正解はないだろうから考えても無駄で、他人と同じような行動をとっておくことで「おかしくなるときは皆一緒」というような思考停止に陥りたくなる気持ちもわからないではない。
　しかしながら、こういう不確定な要素が多く散りばめられている世界だからこそ、想像力を働かせて、その世界に対峙していく勇気と、そのための態勢が求められるのではないだろうか。それこそがあるべき「リスク管理」といえるのではないだろうか。
　本書は、経営という視点から、（規制等にやらされているのではなく）自らが欲して実行するリスク管理を目指すべきだ、という考えを根底に置いたうえで執筆されたものである。だからといって、それはこの時代で生き抜くための「マニュアル」ということではない。奇をてらった新たな考え方を示しているわけでもない。リスク管理の基本に立ち返り、あらためてその考え方の原理原則に沿って、何をすべきか、ということを問うている書籍である。
　では、何をすべきか。それは大変申し訳ないが、読者に委ねられている。リスク管理の考え方の原理原則を理解しても、実践に移さなければ何にもならないからだ。どう行動するかはリスクに対する決断の部分であり、ここに

は正解がない。リスクという未知の世界への挑戦をする以上、それは宿命である。

あらためて考えてみると、いつもむずかしい時代だったともいえるのかもしれない。いつの時代にも正解はない。その意味では、いまが特別なのではなく、単に「これまでとは（見かけ上の）シナリオが違う」というだけにすぎない。だからこそ、「やり方」を学ぶのではなく、「原則」を学んで向かっていくべきなのではないだろうか。

本書がその一助になることを期待している。

2015年7月

キャピタスコンサルティング株式会社
代表取締役社長　森本　祐司

はじめに

　いまから7年前の2008年3月、『金融検査マニュアルハンドブックシリーズ　金融機関の市場リスク・流動性リスク管理態勢』（金融財政事情研究会）を執筆し、発刊した。その前年に改定された金融検査マニュアルに沿ったかたちで、市場リスク・流動性リスクのマネジメントの解説を行ったものである。当時、サブプライムローン問題は顕在化していたが、本邦金融機関はさほど影響は受けていなかった。日本では景気が上向く兆しもあり、長く続いていた低金利時代から金利上昇局面に向けて、リスク管理態勢を点検しておこうという空気が流れていた。

　それが、同年9月のリーマンショックを機に、大きく環境が変化した。市場は混乱し、各国当局による金融規制の強化が相次いだため、金融機関はリスクを積極的にとる姿勢を失った。日本においても、景気の低迷、地域経済の空洞化などによって融資残高が伸びないなか、国債運用で収益の下支えを行ってきた。しかし、2013年から始まったアベノミクスの一環で日本銀行による異次元緩和策が導入され、10年国債利回りは0.1％台をつける事態となった。この異次元緩和策が長引けば、利鞘が確保できずに生き残ることがむずかしい金融機関も出てこよう。アベノミクスの成功と異次元緩和の早期の出口が望まれる。

　ただ、アベノミクスの成否にかかわらず、市場が今後大きく変動していくことは容易に想像できる。市場リスク管理の歴史は長く、管理手法自体はある程度標準化されているといえよう。ただし、長引く超低金利下で形骸化してしまったリスク管理態勢が、今後の大きな市場変化に十分耐えうるものなのか、あらためて総点検しておくべきだと思われる。

　本書は、前述した7年前の本の後継となるが、「金融検査マニュアルハンドブックシリーズ」という位置づけとはなっていない。前回も、金融検査マニュアルへの対応のみを目的としたものではなかったが、今回はよりリスク

管理の本質に迫ることができたと考えている。市場リスク・流動性リスクに焦点をあてているが、必要に応じて信用リスクや統合的リスクについても記述している。また、リーマンショック以降の規制強化の動向、それに伴うリスク管理手法の高度化についても、できるだけ平易に解説を行った。リスク管理に従事する管理者・担当者をはじめ、経営層も含めた幅広い方に読んでいただくことを想定しているが、特に初めてリスク管理部門に配属された方、またリスク管理業務に携わって数年たち、あらためて全体を俯瞰してみたいという方にとっては、体系的に頭の整理ができるのではないかと考えている。

リーマンショック後の金融規制強化の流れは、ようやく"検討・議論"のフェーズが一段落し、これから"導入"が本格化することになる。金融機関からは「規制対応だけで疲弊し、本来のリスク管理業務に手が回らない」という話もよく聞かれる。また、規制対応がリスク管理業務であるかのような錯覚にとらわれているようにもみられる（本文中では、これを"リスク管理のコンプライアンス化"と呼んでいる）。

これまでは、超低金利時代で市場の変動も小さく、リスク管理が機能していなかったとしても大きな問題にはならなかった。しかし、これからの局面はまったく異なったものになる。市場は大きく動き出すことが予想され、まさにリスクマネジャー、リスク管理部門の腕の見せ所となろう。その時にきちんと動けるように、いまから準備をしておく必要がある。市場が動き始めてから、慌てて「他行はどうしている？」「リスク量の計算は正しいのか!?」などといっているようでは、市場の大きな波に飲み込まれてしまう。激動の時代で生き残るため、まさに「自ら考えるリスク管理」「リスク管理からリスクマネジメントへ」と意識改革を行う節目にきているといえよう。

なお、本書の記載内容は、それぞれの筆者個人の見解に基づくものであり、所属する組織の意見とは必ずしも一致しない場合がある。また、本書は銀行を主眼としているが、信用金庫・信用組合等の協同組織金融機関をも対象としているため、本文中では「金融機関」という用語を使用した。ただ

し、規制の引用などでは「銀行」という言葉も使用している。

　執筆にあたって、一般社団法人金融財政事情研究会出版部の伊藤洋悟氏には多くの助言・激励をいただき、大変お世話になった。この場を借りて御礼申し上げたい。

　本書が本邦金融機関の経営層、リスク管理に携わる方々に対して少しでもお役に立てれば幸いである。

2015年7月

栗谷　修輔
久田　祥史

【監修者略歴】

森本　祐司（もりもと　ゆうじ）

キャピタスコンサルティング株式会社代表取締役
1989年東京大学理学部数学科卒業、東京海上火災保険（現・東京海上日動火災）入社。その後、モルガン・スタンレー証券等を経て、2007年1月にキャピタスコンサルティング株式会社を共同設立し、代表取締役に就任。マサチューセッツ工科大学経営大学院修了。東京大学経済学部非常勤講師、東京工業大学大学院イノベーションマネジメント研究科客員教授等。日本保険・年金リスク学会理事。東京リスクマネジャー懇談会共同代表。
主な著書に、『【全体最適】の保険ALM』（編著）、『【全体最適】の銀行ALM』（共著）、『金融リスクマネジメントバイブル』（共著）、『ゼロからわかる金融リスク管理』（以上、金融財政事情研究会）など。

【著者略歴】

栗谷　修輔（くりたに　しゅうすけ）

キャピタスコンサルティング株式会社プリンシパル
1993年早稲田大学理工学部工業経営学科卒業。日本長期信用銀行、興銀証券（現・みずほ証券）にてリスク管理、金融商品開発・営業に従事。2000年データ・フォアビジョン株式会社入社。金融機関に対して収益リスク管理システムの設計・開発、データ分析、コンサルティング等を行う。2011年12月キャピタスコンサルティングに参加。
主な著書に、『【実践】銀行ALM』（共著）、『金融機関の市場リスク・流動性リスク管理態勢』（共著）、『リスクマネジメントキーワード170』（共著）、『【全体最適】の銀行ALM』（共著）、『金融リスクマネジメントバイブル』（以上、金融財政事情研究会）など。

久田　祥史（ひさた　よしふみ）

アール・ビー・エス証券会社ヴァイス・プレジデント
1998年東京大学大学院工学系研究科修了（機械工学修士）。日本銀行にて、リスク管理やデリバティブ価格付理論など金融工学関連の研究を行った後、金融市場・経済動向の調査・分析、外貨資産の運用等に従事。その後、ABNアムロ証券等を経て、2012年6月キャピタスコンサルティングに参加。2014年7月アール・ビー・エス証券会社入社。幅広いアセットクラス（金利、為替、クレジット、ファンド等）にわたる金融商品のマーケティング、ストラクチャリングに従事。テュレーン大学経営大学院修了（経営学修士）。

目　次

第1章　市場リスク管理の変遷と現状

第1節　市場リスク管理の起源と歴史 …………………………………… 4
1　市場環境 ……………………………………………………………… 4
2　リスク管理手法の発展 ……………………………………………… 8

第2節　制度・規制の変遷と現状 ………………………………………… 10
1　バーゼル規制（リーマンショック前：バーゼルⅠ〜Ⅱ）………… 10
2　バーゼル規制（リーマンショック後：バーゼル2.5〜Ⅲ）……… 13
3　バーゼル規制（国内基準）………………………………………… 20
4　バーゼル3.5 ………………………………………………………… 22
5　その他の国際金融規制の方向性 …………………………………… 26

第3節　リスク管理態勢の現状 …………………………………………… 35
1　本邦金融機関のリスク管理態勢の現状 …………………………… 35
2　リスク管理の逆グローバル化・コンプライアンス化 …………… 37

第4節　リスク管理からリスクマネジメントへ ………………………… 40

第2章　市場リスク評価の基本的手法

第1節　市場リスクの定義と認識 ………………………………………… 44
1　市場リスクの定義 …………………………………………………… 44
2　市場リスクの認識 …………………………………………………… 45

第2節　市場リスクの評価・計測 ………………………………………… 48
1　市場リスク管理手法の概要 ………………………………………… 48
2　感応度分析 …………………………………………………………… 50
3　バリュー・アット・リスク（VaR）分析 ………………………… 58

    4　ストレステスト分析 ………………………………………………71
    5　シナリオ分析 ………………………………………………………78
    6　預金・貸出金の市場リスク ………………………………………79
    7　モデルリスク ………………………………………………………85
    8　その他のリスク ……………………………………………………88

第3章　市場リスク評価の発展的手法

第1節　デリバティブ関連 …………………………………………………98
    1　デリバティブ取引の環境・規制動向 ……………………………98
    2　デリバティブ組込型商品 ………………………………………107
    3　金融危機後のデリバティブ評価 ………………………………115
第2節　マクロ・ストレステスト ………………………………………122
    1　マクロ・ストレステストの概要 ………………………………122
    2　マクロ・ストレステストのモデル化に関する留意点 ………125
第3節　予兆管理 …………………………………………………………126
    1　予兆管理の手法 …………………………………………………126
    2　予兆管理における留意点 ………………………………………128

第4章　市場リスク管理の運営態勢

第1節　市場リスクのPDCAサイクル …………………………………131
    1　リスク管理の運営サイクルとは ………………………………131
第2節　市場リスク報告レポート ………………………………………150
    1　リスク計測とモニタリング（限度額管理）…………………150
    2　リスク分析手法 …………………………………………………151
    3　リスク報告の構造 ………………………………………………152
    4　市場リスク報告レポートの事例 ………………………………154

第3節　市場リスク管理態勢の検証……………………………161
　　1　リスク計測モデルの検証……………………………………161
　　2　リスク管理態勢の検証………………………………………167

第5章　市場リスク管理とALM運営

第1節　市場リスク管理とALM運営の関係……………………171
　　1　運営組織の類型………………………………………………171
　　2　ALMの定義……………………………………………………173
　　3　金融検査マニュアルにおけるALM…………………………175
　　4　リスク管理とALM運営………………………………………176
第2節　損益・リスクシミュレーション…………………………177
　　1　シナリオ分析…………………………………………………177
　　2　アーニング・アット・リスク（EaR）………………………183

第6章　流動性リスク管理の変遷と現状

第1節　流動性リスク管理を取り巻く環境………………………191
第2節　経営戦略上の流動性リスク管理の目的…………………193
第3節　流動性リスクの特徴………………………………………195
第4節　流動性リスク管理の骨格…………………………………197
　　1　リスク管理態勢の整備………………………………………197
　　2　リスクの把握・計測…………………………………………198
　　3　リスクの管理・運営…………………………………………199
第5節　流動性リスク管理の組織…………………………………200
　　1　経営層の役割・責任…………………………………………200
　　2　管理部門の役割・責任………………………………………201
第6節　情報システムの構築・整備………………………………203

第 7 節　今後の流動性リスク管理の方向性 ･････････････････････････ 205

第7章　流動性リスクの把握・計測

第 1 節　流動性リスク要因の構造分解と定義 ･･･････････････････････ 212
　1　リスク発生の要因 ･･･ 212
　2　リスク顕在化までの期間 ･･･････････････････････････････････ 214
　3　要因の影響レベル設定 ･････････････････････････････････････ 214
第 2 節　流動性リスクの基本的評価手法 ･･･････････････････････････ 217
　1　流動性リスクの把握 ･･･････････････････････････････････････ 217
　2　バランスシート流動性分析 ･････････････････････････････････ 217
　3　満期ギャップ分析 ･･･ 224
第 3 節　シナリオ分析とストレステスト ･･･････････････････････････ 230
第 4 節　流動性規制との関係 ･････････････････････････････････････ 236

第8章　流動性リスクの管理・運営

第 1 節　流動性リスク限度額の方針 ･･･････････････････････････････ 245
　1　流動性リスク限度額を設定する意義 ･････････････････････････ 245
　2　流動性リスク限度額の種類 ･････････････････････････････････ 245
　3　流動性リスク限度額の設定に係る検討ポイント ･･･････････････ 246
　4　期間別の限度額設定 ･･･････････････････････････････････････ 247
　5　補足的な流動性リスク限度額指標の使用 ･････････････････････ 248
　6　限度額設定とシナリオ分析 ･････････････････････････････････ 248
　7　流動性リスク限度額の見直し ･･･････････････････････････････ 249
　8　流動性リスク限度額を超過した場合の対応 ･･･････････････････ 249
第 2 節　流動性リスクのモニタリング・コントロール ･･･････････････ 251
　1　流動性リスクのモニタリング・コントロールプロセス ･････････ 251

2　モニタリング・コントロールの内容 …………………………… 252
第3節　流動性危機管理（コンティンジェンシー・プラン）…………… 254
　　1　流動性危機とは ………………………………………………… 254
　　2　コンティンジェンシー・プランの必要性 …………………… 255
　　3　コンティンジェンシー・プラン策定に関する基本的な考え方 …… 256
　　4　コンティンジェンシー・プラン発動の基準 ………………… 258
　　5　コンティンジェンシー・プランの具体的な策定 …………… 259
　　6　流動性危機管理のための態勢 ………………………………… 260

第1章 市場リスク管理の変遷と現状

日本の金融機関において、「リスク管理」という言葉が使われるようになったのは、1990年の初め頃だったように思われる。以来、20年超にわたり、金融機関におけるリスク管理態勢は大きく発展・高度化してきた。また、金融業界だけではなく、さまざまな場面で「リスク」という言葉が使われるようになっている。たとえば、野球やサッカーなどのスポーツの分野においても、監督や選手から「リスク管理を行いながら……」などと語られるようになっている。大学生がランチの店を選ぶ際にも、「こっちのお店はちょっとリスキーだな」などと普通に会話をしている。さらには、2011年3月の福島第一原子力発電所の事故の際には、テレビ番組で「リスク」という言葉を嫌というほど聞いた。「リスク」はもはや一部業界の専門用語ではなく、一般的な言葉として多くの市民に認知されているといえよう。

　さてそれでは、そもそも「リスク」とは何だろう？　直訳すると「危険」ということになり、"できるだけ避けるべきもの"というニュアンスが強く感じられる。おそらく、近年、一般的に使われる「リスク」、たとえば原子力発電所が抱える「リスク」については、極力ゼロにすべきものと考えるのが自然である。前述のスポーツやランチの店についても、可能な限り「リスク」は排除するということになろう。

　一方、金融機関における「リスク」は少し趣が異なってくる。たとえば、金融機関における主な業務である「貸出金」と「有価証券運用」を考えてみる。「貸出金」には、貸出先が倒産する「リスク」がある（信用リスクと呼ばれる）。また「有価証券運用」には、株価や金利が変動することによって損をする「リスク」がある（市場リスクと呼ばれる）。金融機関においては「リスクを極力ゼロにする」としてしまうと、「貸出金」も「有価証券運用」もできなくなってしまう。強いていえば、集まった預金の満期にあわせて、信用リスクがゼロの資産である国債で運用する、という方法はある。しかしそれでは、金融機関の本業ともいえる"信用の創造"を放棄することになる。つまり、銀行業務とは、"リスクをとってその対価であるリターンを得る"ことが本質なのである。

1990年代は、大手金融機関において「リスク管理」を行う部署が発足し始めた時期であるが、当初はどちらかというと「リスクはできるだけ抑える」という意識が強かったように思える。それから20年の時がたち、最近では"適切なリスクをとり、リターンの極大化を目指す"考え方が根づいてきた。リスクを「管理」することから、リスクを「運営」していく「リスクマネジメント」の考え方が徐々に広がっているようにみえる。

第 1 節

市場リスク管理の起源と歴史

　本節では市場リスク管理の考え方と手法について、過去から現在までどのように変遷・発展をしてきたか俯瞰する。リスク管理の発展・高度化には多くの要因が内在しているが、以下3つの切り口で振り返ってみたい。
① 市場環境
② リスク管理手法の発展
③ 制度・規制面

　図表1-1のとおり、この3つの要因は、リスク管理の発展・高度化に関して密接な関係をもっていることがわかる。本節では、①市場環境と、②リスク管理手法の発展について概観し、③制度・規制面については次節で詳細に解説を行うこととする。

1　市場環境

　市場環境としては、大きく「金融工学の発展」「情報通信（IT）技術の発展」、および「金融商品の多様化・複雑化」に区分することができる。

(1)　金融工学の発展と金融商品の複雑化

　1952年にマーコビッツがポートフォリオ理論に関する論文を発表した[1]。リスクとリターンの関係、分散投資によるリスク抑制効果、ポートフォリオ最適化のロジックを明らかにしたものである。現在のリスク計測方法の原点が

1　Markowitz, Harry M.〔1952〕. "Portfolio Selection". *Journal of Finance* 7(1)：PP.77-91.

図表1-1 市場リスク管理の変遷

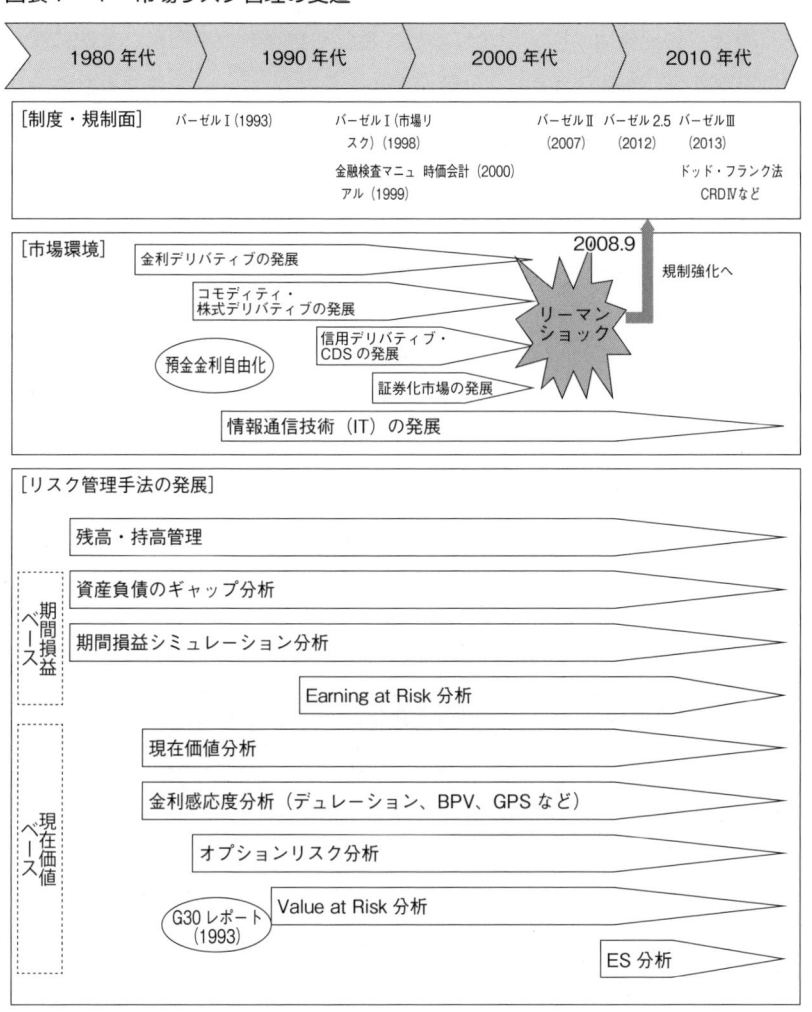

ここにあるといってもよいだろう[2]。半世紀以上も前にその方法論の基礎が示されていたというのは驚きである（90年にマーコビッツはノーベル経済学賞

---

2 マーコビッツのポートフォリオ理論の目的は「投資の最適化」であり、現在のリスク管理における「資本との比較」「健全性の確保」等は含まれていない。

第1章 市場リスク管理の変遷と現状 5

を受賞)。

その後、1980年頃から、欧米において数学や物理学の専門家が金融に携わるようになり、金融工学という分野が大きく発展した[3]。その過程のなかで登場してきたのが、スワップやオプションなどと呼ばれるデリバティブ(金融派生商品)である。

デリバティブも、当初は株式や金利、為替など市場性の商品が対象であったが、1990年代以降はコモディティ(金、穀物、原油など)、企業の信用度(信用リスク)や地震、天候までも原資産としたデリバティブが開発されている。

日本の金融機関においても、1980年代後半から理科系の新入社員を採用するようになった。彼らはリスク管理部門や市場部門、商品開発部門などへ配属され、クオンツとして活躍するようになっていった。

このような金融工学の大きな発展が、金融機関が抱えるリスク特性を多様化・複雑化させ、それに伴ってリスク管理手法の高度化が進んできたといえる。

(2) 情報通信(IT)技術の発展

IT技術の発展は、リスク管理高度化には欠かせなかった。前述の金融工学もITなしではここまでの発展は望めなかったであろう。以下、IT技術発展のポイントとリスク管理高度化の関係を概観する。

a メインフレームから分散系システムへ

1980年代までの金融機関のシステムは勘定系・情報系ともに「メインフレーム」と呼ばれる大型汎用機によって運用され、端末機を使って情報を照会するという仕組みであった。90年代に入ると、特に情報系の分野で分散系システムの構築が進んだ。これによって複数の処理を並行して行うことが可能となり、業務の多様化が進んだ。

---

[3] NASA(アメリカ航空宇宙局)の科学者たちがウォール街に大量に流れたのが発端であるという逸話もある。彼らのようなロケット・サイエンティストたちが数々のデリバティブを開発したともいわれている。

また、1990年代半ばにはWindowsが登場し、PCも1人1台の時代を迎えた。エクセルなどのスプレッドシートや各種ソフトウェアも充実し、担当者が自分の手元でさまざまな計算、シミュレーションなどを行うことが可能となった。さらにそれ以降も、さまざまなOS、統計ソフトなどが開発され、リスク管理高度化に大きく影響を与えた。

b　計算処理の高速化

　リスク管理の代表的な指標であるVaR[4]は、計算量が膨大となるため、システムの計算速度の高速化がなければ実用化はむずかしかったであろう。また最近では膨大な量の「モンテカルロシミュレーション」（10,000回や100,000回以上など）も日常的に行われている。ポートフォリオ全体のリスク量を計算するのに、「10年前は一晩かかったが、いまでは1時間程度」という話もよく聞かれる。それほど処理の高速化の流れは速く、リスク管理高度化に大きな貢献をしているといえる。

c　データベース機能の向上

　データベースは、リスク管理を行うための土台ともいえるものである。さまざまな取引情報・市場価格情報など、リスク計測に必要となるデータ量は膨大となる。また、リスク計測の結果もリスク情報として保存しておく必要がある（G-SIBsでは規制上でも求められている[5]）。

　このように、必要なデータがますます増大しているなかでデータベース機能の進展は大きかった。特に最近では「ビッグデータ」とも呼ばれ、容量の増大、信頼性、照会・編集などの使い勝手の向上によって、リスク管理業務の高度化、効率化が進められている。

d　ネットワーク化

　金融機関内、および外部とのネットワーク環境の整備が進み、情報伝達のスピードが格段に高速化した。リスク管理上も、リスク状況をリアルタイム

4　バリュー・アット・リスク（Value at Risk）。
5　G-SIBs（Global Systemically Important Banks：グローバルなシステム上重要な銀行）には、バーゼル銀行監督委員会による「実効的なリスクデータ集計とリスク報告に関する諸原則」の対応が求められている。詳細は第1章第2節5(1)aを参照。

で把握・報告することが可能となり、意思決定のスピードも速くなっている。また、特に国際的な金融機関にとってはインターネットの発展によるボーダレス化は大きなポイントとなった。

(3) 金融商品の多様化・複雑化

　昔の金融機関は、預金で資金を調達し、貸出を行い、余った資金は国債で運用するというのが伝統的な業務構造であった。1980年代以前の規制金利時代では、金利も当局から決められていたため、金融機関としては「残高管理」を行っていれば収益があがる仕組みになっていた。

　1980年代から90年代になると、上記でみてきたとおり金融工学とIT技術の発展によりデリバティブ市場が拡大してきた。先物、オプション、スワップなどは、当初は既存の資産負債のヘッジに使用されることが多かったが、次第に収益追求を目的とした取引も活発に行われるようになった。また、伝統的な商品にデリバティブを組み込むことによって、多くの新商品[6]が開発・販売された。さらに、市場リスク・信用リスクを融合した商品も多くなっている[7]。

　このように、金融機関が取り扱う商品の多様化・複雑化が進むにつれ、同時にリスク管理の技術も高度化を行う必要があった。双方が表裏一体の関係をもって高度化が進められてきたといえよう。

2　リスク管理手法の発展

(1) G30レポート

　リスク管理手法の発展においては、1993年に公表されたG30[8]レポートの存在が大きかった。急速に市場が拡大しつつあったデリバティブ取引のリス

6　仕組債券、仕組預金、仕組ローンなどと呼ばれる。
7　貸出債権を担保とした資産担保証券（CDO）などが代表例。

ク管理に焦点をあてたレポートで、当時まだ標準的とはいえなかったVaRの有効性や、リスク管理部門の独立性などについて明記されている。リスク管理態勢の方向性、高度化のステップを示したという意味で、非常に重要な役割を果たしたといえよう。その基本的な思想は、その後の信用リスクやオペレーショナル・リスクの計測など、市場リスク以外の分野でも活かされている。

本邦でも、1990年代に多くの金融機関でリスク管理態勢の整備が進められた際に、このG30レポートを参照するケースが多かった。G30自体は民間の団体であり強制力をもつものではないが、大きな影響を与えた。

(2) VaRの発展・拡充

このG30レポートで、VaRの有効性が示されたため、多くの金融機関がリスク管理指標としてVaRを導入することになった。本邦においては、1990年代にかけて、大手銀行においてリスク管理部門が設立され、リスク管理指標としてのVaRの計測・報告態勢が整備されていった。地域金融機関においても、その後、2000年代にかけて、大手銀行に追随するかたちでVaR計測を行うようになった。

また、エポック的な動きとしては、1994年にJPモルガンが「RiskMetrics®」を公表したことがあげられる。「RiskMetrics®」はVaRの計算手法や必要となるパラメータなどを無償で提供するツールであり、多くの金融機関にとって非常に参考となった。VaR手法の発展・拡充に与えた影響は大きかったといえよう。

---

8 Group of Thirtyの略。ワシントンを本拠とし、各国中央銀行や大手民間金融機関の関係者からなる団体。G30レポートはJPモルガン（当時）の故デニス・ウェザーストーン会長（当時）を中心にまとめられたといわれている。

第 2 節

制度・規制の変遷と現状

　本節では、金融機関に対する制度・規制の変遷について、振り返ることとする。金融機関における規制で最も中心的なものは「バーゼル規制」である。バーゼル規制は、1988年のバーゼルⅠ[9]以降、さまざまな改正・拡張を経て、現在（2015年）ではバーゼルⅢが導入されている。バーゼル規制の変遷をみるうえで、やはり08年9月のリーマンショックは大きな影響を与えている。ここでは、バーゼル規制を「リーマンショック前」「リーマンショック後」に区分して整理する（図表1-2参照）。さらにリーマンショック後、バーゼル規制以外でどのような規制の強化が行われているか、概要を紹介する。

1　バーゼル規制（リーマンショック前：バーゼルⅠ～Ⅱ）

　リーマンショック前としては、バーゼルⅠ～Ⅱが該当する。まず、1988年にバーゼルⅠ「自己資本の測定と基準に関する国際的統一化」が合意された（BIS1次規制と呼ばれたこともあった）。自己資本比率の算出は、自己資本の額をリスク・アセットの総額で割ったものをパーセンテージで示す方法がとられ、8%以上が求められるようになった。規制は国際業務を行う金融機関すべてに課されたため、この規制を満たさない金融機関は国際業務を行うことができないこととなった。
　続いて1996年、バーゼルⅠの枠組みで「マーケット・リスクを自己資本合

---

[9]　日本においては、1993年から本格実施された。

図表1-2　バーゼル規制の変遷

[リーマンショック前]
・1988年：バーゼルⅠ（BIS1次規制）「自己資本の測定と基準に関する国際的統一化」
・1996年：バーゼルⅠ（BIS2次規制）「マーケット・リスクを自己資本合意の対象に含めるための改定」
・2004年：バーゼルⅡ「自己資本の測定と基準に関する国際的統一化：改定」
・2006年：バーゼルⅡ「自己資本の測定と基準に関する国際的統一化：改定－包括的」

[リーマンショック後]
・2009年：バーゼル2.5「バーゼルⅡ枠組みの強化」
・2010年：バーゼルⅢ「バーゼルⅢ：より強靭な銀行および銀行システムのための世界的な規制の枠組み」「バーゼルⅢ：流動性リスク計測、基準、モニタリングのための国際的枠組み」
・2012年：バーゼル3.5「トレーディング勘定の抜本的見直し市中協議文書」
・2015年：バーゼル3.5「銀行勘定の金利リスク」

意の対象に含めるための改定」が行われた（BIS2次規制と呼ばれたこともあった）。マーケット・リスク量の算出は、標準的アプローチ、内部モデル・アプローチ、または両者の組合せによる方法から選択する。標準的アプローチは、バーゼル銀行監督委員会の定めた掛け目や算式を用いて、債券・株式・為替等のカテゴリーごとにリスク量を算定するものであり、内部モデル・アプローチは、一定の定性的・定量的基準を満たす（各金融機関の）内部モデルを用いてリスク量を算定する。内部モデルにはVaRを用いることとなり、測定されたマーケット・リスク量に対しそれと同額（100％）以上の自己資本の保有が求められる。このマーケット・リスク量の追加によって、現在のバーゼル規制（第1の柱[10]）の骨格ができあがったといえる。

10　バーゼルⅡからは、「第1の柱」～「第3の柱」の3本柱の枠組みとなったが、バーゼルⅠの時は、これらの柱の区分はなかった。

$$\frac{\text{自己資本}}{\text{信用リスク(リスク・アセット)} + \text{市場リスク(VaR} \times 12.5)} \geqq 8.0\%$$

ここで自己資本 = 基礎的項目(Tier 1) + 補完的項目(Tier 2) + 準補完的項目(Tier 3) − 控除項目

さて、バーゼルⅠの改定版であるバーゼルⅡは、2004年の「自己資本の測定と基準に関する国際的統一化：改定」、06年の「自己資本の測定と基準に関する国際的統一化：改定−包括的」によって合意がとられ、日本では07年から施行された。バーゼルⅡの特徴としては、3本柱（Three pillar）のアプローチが採用されたことであろう。最低所要自己資本に基づく自己資本比率規制（第1の柱）、金融機関自身による自己資本管理の枠組みと監督当局による検証（第2の柱）、開示による市場からの監視（第3の柱）が、相互補完することによって金融機関、および金融システムの健全性を強化しようとするものであった（図表1−3参照）。

自己資本比率の計算方法は、バーゼルⅠ（マーケット・リスク量を追加したもの）の構造に、オペレーショナル・リスクを追加したかたちになっている。なお、国際統一基準が適用される金融機関は8％以上、国内基準が適用される金融機関は4％以上が求められることになった。

$$\frac{\text{自己資本}}{\text{信用リスク(リスク・アセット)} + \text{市場リスク(VaR} \times 12.5) + \text{オペレーショナル・リスク} \times 12.5} \geqq 8.0\%$$

ここで自己資本 = 基礎的項目(Tier 1) + 補完的項目(Tier 2) + 準補完的項目(Tier 3) − 控除項目

バーゼルⅡのもう1つの特徴としては、それぞれのリスク・アセットの算出方法を複数の「メニュー」から選択できることがあげられよう。たとえば信用リスクであれば、「標準的方式」「基礎的内部格付手法」「先進的内部格

図表1-3 バーゼルⅡにおける3つの柱

柱	内　　容
第1の柱：最低所要自己資本比率規制	・いわゆる、バーゼルⅠで導入された、8％アプローチを継続。 ・信用リスク・アセット算出方法が精緻化された。 （標準的手法、基礎的内部格付手法、先進的内部格付手法） ・オペレーショナル・リスクが組み込まれた。
第2の柱：監督上の検証	・金融機関自身が自己資本戦略を策定していくことを前提に、監督当局が金融機関との定期的な対話を通じて、自己資本の数字だけではとらえられない業務状況や、リスク管理能力を把握し、それに応じて適切な対応を行うことを目標とした。 ・そのなかで監督当局が、金融機関に対して、自己資本の充実だけではなく、内部のリスク管理プロセスの強化を促し、総合的な観点から健全性を確保する枠組み。 ・枠組みでは、原則ベースでの検証となっている。
第3の柱：市場規律	・市場規律の活用が不可欠であるとの認識に立ち、金融機関に信頼性の高いディスクロージャーを求める。

付手法」の3つのなかから選択する。これによって、自身のリスク特性やリスク管理態勢にかんがみ、最も適切と思われる算出手法を採用できるようになった。

2　バーゼル規制（リーマンショック後：バーゼル2.5～Ⅲ）

2007年のサブプライム問題、08年のリーマンショックから拡大した金融危機によって、金融機関への規制強化が強く求められることになった。その際にベンチマークとなったのは、サブプライムローン問題による金融市場の混乱への対応として、08年4月に公表されていた「市場と制度の強靭性の強化に関する金融安定化フォーラム（FSF）報告書」である。

図表1−4　バーゼル2.5における強化ポイント

強化項目	内　容
① 証券化商品の取扱い強化	・再証券化商品のリスク・ウェイト引上げ ・外部格付使用に係るモニタリング要件の導入
② トレーディング勘定の取扱い強化	・ストレスVaRに係る追加資本賦課 ・追加的リスク（信用リスク）に係る追加資本賦課 ・証券化商品につき原則銀行勘定と同様の取扱いを適用

　ここでは主に、①自己資本比率規制、②流動性リスク、③オフバランス機関を含むリスク管理に対する監督、④OTCデリバティブに関する事務運営上のインフラ、の4点に関する強化策が示された。バーゼル規制においては、当面の対処として、2009年に銀行勘定の証券化商品の取扱いおよびトレーディング勘定の取扱いの強化を行った。これはバーゼルⅡをベースにした強化であったため、"バーゼル2.5"と一般的に呼ばれるようになった（図表1−4参照）。

　さらに、図表1−4中の①、②にかかわる開示についても強化が図られている。ただし、"当面の対処"という文言にもあるように、応急処置的な色彩が強かったため、ストレスVaRなどについては、理論的にはやや課題の残る部分も見受けられた。

　バーゼルⅡは、内部モデルや3つの柱など「銀行自身がしっかりとしたリスク管理を行う」ということを前提にした枠組みとなっていた（いわゆる市場放任方式）。しかし、実態は、証券化商品などのオフバランス取引により、規制自己資本を軽くできることなどから過度なレバレッジ競争が起こっていたのである。

　このような金融危機に対する抜本的な対応として、バーゼル銀行監督委員会は2010年に「バーゼルⅢ：より強靭な銀行および銀行システムのための世界的な規制の枠組み」「バーゼルⅢ：流動性リスク計測、基準、モニタリン

グのための国際的枠組み」を公表した。バーゼルⅢは、以下の5項目の包括的なパッケージととらえることができる（図表1－5参照）。

① 自己資本比率の見直し（資本の質・リスク捕捉強化）
② プロシクリカリティの緩和
③ システム上重要な銀行への追加措置
④ レバレッジ比率の導入
⑤ 定量的な流動性規制

もともとバーゼルⅡの枠組みであった自己資本比率規制を強化すること

図表1－5　バーゼルⅢの構造

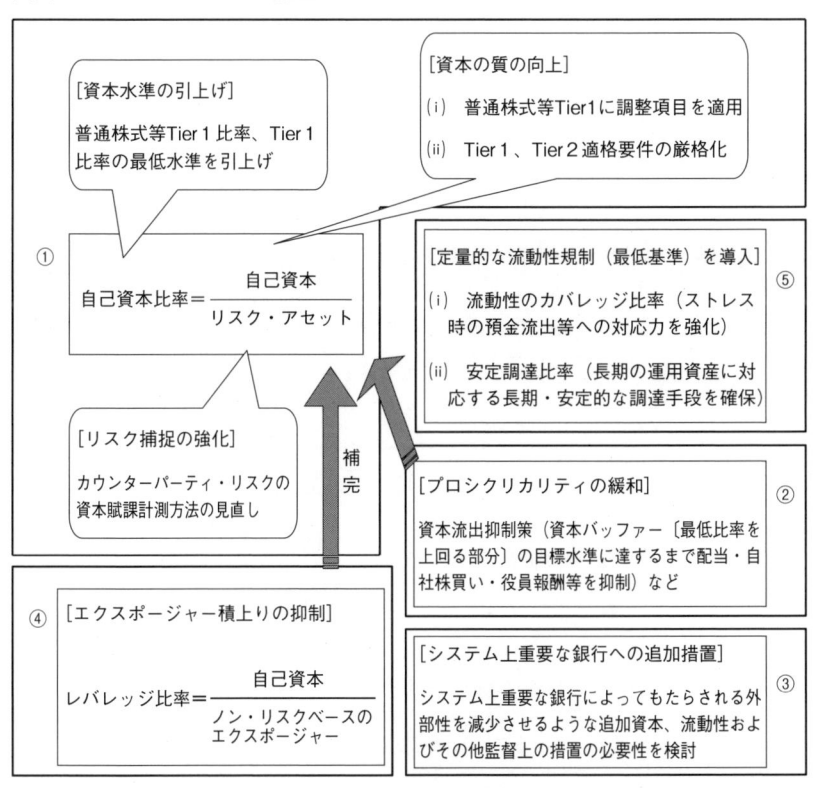

（資料）　金融庁・日本銀行（2011年1月）資料から筆者作成。

(上記①～③)、そしてそれを補完する仕組みとして、レバレッジ比率が導入されることになった(④)。さらに、金融危機における資金流動性リスクの顕在化に対応すべく、定量的な流動性規制が組み込まれることになった(⑤)。

(1) 自己資本比率規制の強化

まず、自己資本比率規制については、資本の質について大幅な強化が行われている。最低所要自己資本比率の8％は変更ないが、より普通株式等Tier1が重視されるようになった。さらに、将来の不測の損失への備えとして「資本保全バッファー：2.5％」が要求される。要求水準を下回った場合には、資本流出の抑制策として、配当や自社株取得の抑制、変動賞与の削減措置が課せられる。また、自己資本比率と景気変動の相関性を考慮した「カウンターシクリカルバッファー：最大2.5％[11]」が追加された。さらに、G-SIBs（グローバルなシステム上重要な銀行）については、追加的なバッファーが求められる。G-SIBsは、金融安定理事会（FSB）により年1回選定され[12]、以下のバケットに振り分けられ、そのバケットに応じたバッファー

図表1－6　G-SIBsのバケット

バケット	G-SIBsバッファー
バケット5（通常なし）	3.5％
バケット4	2.5％
バケット3	2.0％
バケット2	1.5％
バケット1	1.0％

11　具体的には、各国における（民間セクターの債務調達）÷（GDP）の長期トレンドからの乖離が、①2％以下＝水準0％、②10％以上＝水準2.5％、③2～10％＝乖離比率に比例した線形増加、となるように決定される。
12　2014年11月には、三菱UFJフィナンシャル・グループ、三井住友フィナンシャルグループ、みずほフィナンシャルグループを含む全30グループがG-SIBsに選定されている。

図表1-7 バーゼルⅢで要求される自己資本

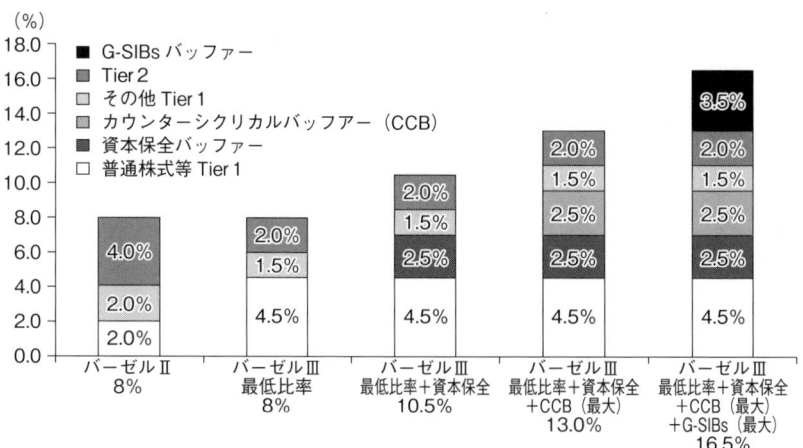

が課されることになる(図表1-6参照)。

なお、追加的に求められることになった「資本保全バッファー」「カウンターシクリカルバッファー」「G-SIBsバッファー」は、普通株等Tier1で上積みしなければならない(図表1-7参照)。この点からも、普通株等Tier1を重視する姿勢が明確に打ち出されていることがわかる。

また同時に、自己資本比率の分母に当たるリスク計測についても強化が図られた。金融危機の際に問題となった、デリバティブ取引のカウンターパーティ・リスクの捕捉が主眼となっている。主な強化のポイントとしては、「CVA(信用評価調整)の導入」「CCP(集中清算機関)向けエクスポージャー(適格なCCPには、相対取引よりも低いリスク・ウェイトを適用(2%))」「担保管理の強化」「金融機関エクスポージャーの資産相関(IRB[13]採用行では常に資産相関を1.25倍)」などである。特に、CCP向けエクスポージャーについては、従来はリスク・ウェイトはゼロであったが、一定のリスク・アセット賦課が求められることになった。

---

[13] IRB (Internal Rating Based approach)。バーゼルの信用リスク評価における「内部格付手法」。

(2) レバレッジ比率

　レバレッジ比率は、銀行部門におけるレバレッジの積上りが金融危機を拡大させた一因であるという反省から、レバレッジを抑制することを目的とした指標である。自己資本比率がリスクベースであるのと反対に、レバレッジ比率は非リスクベースの位置づけとなる。

　　レバレッジ比率＝Tier 1 資本／エクスポージャー額

　分母のエクスポージャー額は、以下のエクスポージャーの合計として算出される。
① 　オンバランス項目
② 　デリバティブ取引
③ 　証券金融取引（レポ等）
④ 　その他のオフバランス項目（コミットメントライン等）

　現在、3％を最低水準として市場テストが行われており（2013～17年）、17年前半までにレバレッジ比率の定義および水準について最終的な調整が行われる予定となっている。そのうえで、18年から「第1の柱」として実施される可能性が高い[14]。

　レバレッジ比率の算出式をみればわかるように、この比率は直接的に金融機関の総資産のサイズを規定してしまうものである。仮に3％が下限だとすると、非リスクベースであるため、どんなにリスクの小さい資産をもち、オフバランスの取引をいっさい行っていない場合であっても、おおよそ資本（Tier 1）の約33倍（＝1÷0.03）までのバランスシートしかもつことができなくなるということである。

---

[14] 国際統一基準行については、2015年からレバレッジ比率の開示が求められている。

(3) 定量的な流動性規制

定量的な流動性規制は、バーゼルⅢの枠組みのなかでも、新規制の1つと位置づけることができる。その主要な内容は、流動性カバレッジ比率（Liquidity Coverage Ratio：LCR）と、安定調達比率（Net Stable Funding Ratio：NSFR）という2つの基準が導入されることである。

LCR＝高品質の流動資産／30日間のネット資金流出額≧100%
NSFR＝安定調達額／所要安定調達額≧100%

LCRは、30日間（ストレス下が想定される）にわたるネットの資金流出額が、高品質の流動資産（国債や現金などに掛け目を掛けたもの）を超えてはならない、つまり、ストレス下においても資金繰りに困らないように、高品質の流動資産を十分保有しておくことを求めるものである。

NSFRにおいて、安定調達額とは1年を超える資金の調達元の確実性を示し、所要安定調達額は資金調達が必要な資産の額を示している。満期が1年超の貸出・運用は、短期の銀行間取引（インターバンク）ではなく、満期が類似する調達によってマッチングされている必要があることを意味している。

両指標とも100%以上を達成することが求められているが、LCRについては2019年の完全実施までに、経過措置が取られることになった[15]。またNSFRは、バーゼル銀行監督委員会で引き続き詳細を詰めた後[16]、18年からの適用開始を予定している。

---

15 2015年：60%以上、16年：70%以上、17年：80%以上、18年：90%以上、19年：100%以上という段階的な導入となった。
16 2014年12月に、バーゼル銀行監督委員会から「安定調達比率の開示基準」が公表されている。

3 バーゼル規制（国内基準）

バーゼルⅡと同様、バーゼルⅢにおいても国内基準が設定された。基本的な規制の枠組みは国際統一基準と同様であるが、最低所要自己資本比率は4％が維持された[17]。国内基準は2014年から実施されている。

$$自己資本比率 = \frac{コア資本に係る基礎項目額 - コア資本に係る調整項目額}{信用リスク・アセット合計額 + マーケット・リスク相当額合計額 \div 8\% + オペレーショナル・リスク相当額合計額 \div 8\%} \geq 4\%$$

国際統一基準と同様に、分子の自己資本の定義が厳格化され、また分母の信用リスクの捕捉が強化された。以下、国際統一基準と異なる点を中心に、内容を確認する。

(1) コア資本

自己資本比率を計算する際の分子については、「コア資本」という概念を導入したうえで、調整・控除項目を厳格化することにより、自己資本の質の向上を図っている。バーゼルⅡで使用されていた「基礎的項目（Tier 1）」「補完的項目（Tier 2）」「準補完的項目（Tier 3）」の分類は廃止された。

$$コア資本 = 普通株式 + 内部留保 + 強制転換条項付優先株式 + 優先出資（協同組織金融機関のみ）\pm 調整・控除項目$$

---

[17] 内部格付手法採用行については、当該銀行を国際統一基準行とみなし、普通株式等Tier 1 比率4.5％以上を維持することが求められる。

各項目については、基本的には国際統一基準と同じである。一部、「強制転換条項付優先株式」については、国際統一基準の「その他Tier 1」の条件と同様の考え方に基づいているが、一定の期限の到来を条件として普通株式に転換されることという条件が盛り込まれている。また、有価証券の評価損についてはコア資本から控除されないこととなった[18]。なお、劣後債[19]については、国内基準では自己資本にはいっさい算入できないこととなっている[20]。

(2) リスク捕捉の強化

　自己資本比率を計算する際の分母も、国際統一基準と同様に強化が図られている。主なポイントとしては、CVAリスク相当額（信用リスク・アセット額）の算出に係る簡便的手法の導入[21]、重要な出資のエクスポージャーに係る信用リスク・アセット額の引上げ[22]、普通株式等出資を除く金融機関等の資本調達手段に対するエクスポージャーに係る信用リスク・アセット額の引上げ[23]などがあげられる。

---

[18] バーゼルⅡの時には、金融庁から「自己資本比率規制の一部を弾力化する特例（新特例）」が公表されている。これにより、バーゼルⅡにおいても実質的に有価証券の評価損は自己資本から控除しないことになっているが、バーゼルⅢ導入後は、それが恒久的なルールとなる。

[19] バーゼルⅡにおいて劣後債を算入可能であった「補完的項目（Tier 2）」は廃止された。

[20] 国際統一基準であれば、Tier 2資本として、劣後債・劣後ローンにおいて、初回コール日までが5年以上であり、金融機関の実質的な破綻状態において元本削減あるいは普通株式に転換されることを求める契約条項等が発行条件に含められていれば、2013年1月以降も追加的に算入可能。実際に、14年にメガバンクがTier 2に参入できる劣後債を発行している。

[21] 派生商品取引の信用リスク・アセット額×12%

[22] 標準的手法：出資その他これに類するエクスポージャーのリスク・ウェイトは、バーゼルⅡでは一律100%となっているが、バーゼルⅢでは、10%超の議決権を保有している法人等に係る出資のうち、自己資本の額の15%に相当する額を上回る部分に係るエクスポージャーのリスク・ウェイトを1,250%としている。

4 バーゼル3.5

バーゼルⅢは段階的に導入され、2019年に完全実施となる。15年現在、各金融機関はバーゼルⅢへの対応の真っ最中である。そのようななか、さらに新たな規制案が検討されている。これは通称「バーゼル3.5」あるいは「バーゼルⅣ」と呼ばれることが多い（本書では「バーゼル3.5」と呼称する）。主な検討項目は以下の5点である。

① トレーディング勘定の抜本的見直し
② オペレーショナル・リスク計測手法の見直し
③ 信用リスク標準的手法の見直し
④ 資本フロアの導入
⑤ 銀行勘定の金利リスク

①は、バーゼル2.5で応急処置的に対応したトレーディング勘定の抜本的な見直しを行おうとするものである。

②のオペレーショナル・リスクについては、現状は3つの手法[24]からの選択となっているが、BIAとTSAを統合して新たな標準的手法を導入することが検討されている。

③の信用リスク標準的手法については、リスク計測の精緻化を行うこと、外部格付への依存度を低減することを目的としている。

④は内部モデル採用行にかかわるものである。内部モデル採用行には標準的手法による計測も義務づけ、その標準的手法によるリスク・アセットにある掛け目を乗じたものを所要資本のフロア（下限）とするものである。

---

23 標準的手法：バーゼルⅡでは、金融機関、外国銀行、銀行持株会社およびこれに準ずる外国の会社の資本調達手段に対するエクスポージャーのリスク・ウェイトは、一律100％となっている。バーゼルⅢでは、他の金融機関等の対象資本調達手段のうち、対象普通株式等に該当するもの以外のものに係るエクスポージャーのリスク・ウェイトを250％としている。

24 基礎的手法（BIA）、粗利益配分手法（TSA）、先進的計測手法（AMA）。

⑤は、これまで「第2の柱」でアウトライヤー基準としてモニタリングされていた銀行勘定の金利リスクのモニタリングの強化である。

これらは市中協議中であり、まだ最終化はなされていないが、その動向には留意しておく必要があろう。

本書では、「市場リスク」に関係の深い①と⑤について、もう少し詳細に内容を解説する。

(1) トレーディング勘定の抜本的見直し

トレーディング勘定の抜本的見直しについては、これまで3回の市中協議文書が公表されている[25]。今回の見直しでは、「抜本的」と銘打たれているだけあって、これまでの市場リスク枠組みについて、多岐にわたる変更が意図されている。そのなかでも、バーゼル銀行監督委員会が重点項目としてあげているのは、以下の8点である。

① トレーディング勘定と銀行勘定の境界
② 信用リスクの取扱い
③ リスク計測のアプローチ
④ 市場流動性リスクの包括的勘案
⑤ ヘッジと分散効果の取扱い
⑥ 内部モデル方式と標準的方式の関係
⑦ 改定された内部モデル方式
⑧ 改定された標準的方式

もしこのまま実施されることになれば、どの項目も金融機関にとって大きな影響を及ぼすことが予想される。以下では、重要なポイントを抜粋する。

まず①だが、トレーディング勘定と銀行勘定の規制上の境界の定義があいまいであることが、現行の枠組みの設計における脆弱性の1つの原因と考えられている。現行の境界は、金融機関にトレーディング業務を行う意図があ

---

25 直近の市中協議文書は「トレーディング勘定の抜本的見直し:検討中の論点について」(バーゼル銀行監督委員会、2014年12月)。

るかどうかで判定されているため、本質的には主観的な基準となり、健全性維持の観点から不十分な基準であると結論づけられている。今回の見直しでは、新たな定義が導入されることとなり、トレーディング勘定に含まれると想定される金融商品の「想定リスト」が提示された。

③での注目点は、VaR から期待ショートフォール（ES[26]）への変更である。VaR はテールリスクの捕捉が困難であるため、ES に変更することが提示されている。資本賦課の水準に関しては、内部モデル方式において97.5%信頼水準の ES を用いることで合意された。

④では、「流動性ホライズン」の適用が提示されている。流動性ホライズンは、「ストレスのかかった市場環境において、ヘッジ手段の価格に影響を与えずに、リスクファクターに対するエクスポージャーを解消するための取引を行うために要する期間」と定義される。金融機関のリスクファクターを10日から1年にわたる5つの流動性ホライズンに分類し、市場リスク量を計測することが求められる。

また、⑥「内部モデル方式と標準的方式の関係」のインパクトも大きいと思われる。標準的方式による所要自己資本の開示を義務づけ、標準的方式を内部モデル方式に対するフロアまたはサーチャージ（追加資本賦課）として導入することが検討されているが、内部モデル方式を採用するインセンティブが減少する懸念がある[27]。

(2) 銀行勘定の金利リスク

2015年6月に、バーゼル銀行監督委員会から市中協議文書「銀行勘定の金利リスク」が公表された。バーゼル規制はこれまで、信用リスク、トレーディング勘定の市場リスク、オペレーショナル・リスクを自己資本比率規制（第1の柱）に組み入れてきたが、銀行勘定の金利リスクは対象外となって

---

[26] Expected Shortfall。
[27] 関係のある文書としては、2014年12月にバーゼル銀行監督委員会から「資本フロア：標準的手法に基づく枠組みのデザイン」が公表された。

いた。金融機関は、資産・負債の長短金利差で稼ぐのが基本構造である。しかし、そこで発生する金利リスクが第1の柱に入っていなかったのは、規制そのものの構造的な課題として従前より指摘されていた。07年にバーゼルⅡが導入された時に、この金利リスクを第1の柱に組み込もうという議論もあったようだが、第2の柱におけるアウトライヤー基準[28]のモニタリングにとどまった経緯がある。10年近くの時を経て、ようやく「最後の大物」への本格的な議論が始まったといえるだろう。

　そもそも議論が進まなかった大きな理由は、金融機関の資産・負債の複雑なリスク特性によって、金利リスク量の計測が非常にむずかしいからである。金融機関が保有する国債の金利上昇リスクに関心が集まりがちだが、本規制は預金・融資も含めた全体のB／Sが対象である。この預金と融資の金利リスクの計測は一筋縄ではいかない。その要因としては、
・コア預金（流動性預金のうち長期間滞留する預金）の満期の取扱い
・定期預金の継続性、中途解約
・住宅ローンの期限前返済
・短期の運転資金の継続性
などがあげられる[29]。

　市中協議文書では、第1の柱（1柱）による自己資本比率への組込みと、第2の柱（2柱）による現行の枠組みを維持、拡張する2つの案が併記された。市中協議を受けて、2015年秋以降にバーゼル銀行監督委員会で再検討が行われるが、最終化の時期は未定となっている。1柱案では、直接的に自己資本が賦課されるため、金融機関の財務基盤は強化される一方で、リスク量抑制のために長期の融資、債券投資に慎重になる銀行も出てくる可能性がある。2柱案は、1柱案に比べると金融機関の投融資の判断への影響は小さくなる一方、各国間の裁量により規制にバラツキが起こる可能性もある。1柱・2柱のどちらか一方に絞られるか、あるいは併存するのかもまだ不透明

28　アウトライヤー基準については、第2章第2節6参照。
29　預金・貸出金の市場リスクについては、第2章第2節6参照。

である。

　日本においては、成長分野への投融資が今後の景気回復には不可欠となる。特に地方経済活性化の担い手である地域金融機関が、規制強化によって投融資に消極的になることは避けるべきである。その観点から、本邦金融機関にとっては2柱案が望ましいと考えられるが、金融当局・金融業界には市中協議文書へのコメント、またその後の再検討を通じて、積極的な意見発信を期待したい。

　また、2柱案が維持されたとしても、現在のアウトライヤー基準に比べると、金利リスクのモニタリングは格段に強化されることになる。国債保有だけではなく、預金・貸金も含めたB／S全体の金利リスクコントロールを行うALM態勢の再整備が強く求められることになろう。

5　その他の国際金融規制の方向性

　これまでは、金融機関における国際金融規制の中心である「バーゼル規制」について、バーゼル3.5の行方までをみてきた。しかし、金融機関に対する国際的な規制はバーゼル規制だけではなく、さまざまな切り口で検討されてきており、2015～19年頃にかけて、それらの規制の導入の本番を迎える時期にきているといってよいだろう。

　ここでは、その他の重要な国際規制の動向について概要を解説する。

(1)　リスクアペタイト・フレームワークとリスクデータ集計

　国際的な規制の強化とともに、「リスクアペタイト」という概念が重要視されるようになってきた。ここでは、その経緯と概要について整理してみたい。

　まず2010年12月、SSG[30]より「リスク許容度フレームワークとITインフラの構築状況」[31]が公表された。これは、09年10月のSSG報告書「2008年グローバル金融危機からのリスク管理上の教訓」において、今後改善が期待さ

れるとした項目のうち「リスク許容度の設定」と「ITインフラの充実」の2点について、SSGメンバー間での議論をまとめたものである。

その後、2013年1月にバーゼル銀行監督委員会が「実効的なリスクデータ集計とリスク報告に関する諸原則」[32]を、13年11月にはFSBが「実効的なリスクアペタイト枠組みに係る原則」[33]を公表した。前者は金融機関のリスクデータ集計能力や内部のリスク報告実務を強化することを企図したものであり、「ITインフラの充実」が主眼となっている。また後者は、金融機関におけるリスクアペタイト・フレームワークのコーポレートガバナンス上の重要性を強調するものである。10年にSSGから公表された主要な2点の提言が、それぞれ規制化の方向性として進んでいるととらえることができる（図表1-8参照）。

a 実効的なリスクデータ集計とリスク報告に関する諸原則

本諸原則は金融機関によるリスクデータ集計やリスク報告に関する原則について提言している。グローバルなシステム上重要な銀行（G-SIBs）については、2016年1月までに諸原則を導入することを求めている（現在、日本においては3メガバンクグループが対象となる）。なお、G-SIBsではないが、国内のシステム上重要な銀行（D-SIBs）に対しても、認定から3年後には諸原則を適用することを強く勧めている。

本文書では、全14の原則で構成されており、その原則は以下4つのトピックに分類されている。

① Overarching governance and infrastructure（包括的なガバナンスとイン

---

30 Senior Supervisors Group。米国連邦準備制度理事会、ニューヨーク連邦準備銀行、通貨監督庁、証券取引委員会、英国金融サービス機構、ドイツ連邦金融監督庁、フランスプルーデンス管理機構、スイス金融市場監督庁、カナダ金融監督庁、イタリア銀行、スペイン銀行、オランダ銀行とわが国の金融庁から構成されるグループであり、金融機関におけるリスク管理や情報開示実務に関し、監督当局の観点から意見交換を行っている。
31 原題：Observations of Developments in Risk Appetite Frameworks and IT Infrastructure
32 原題：Principles for effective risk data aggregation and risk reporting
33 原題：Principles for An Effective Risk Appetite Framework

図表1-8 SSG報告と規制の方向性

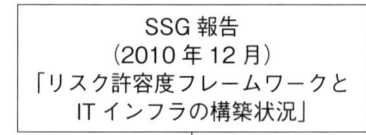

```
           ┌──────────────────────┐
           │      SSG 報告         │
           │   (2010年12月)        │
           │「リスク許容度フレームワークと │
           │  ITインフラの構築状況」    │
           └──────────┬───────────┘
                      │
         ┌────────────┴────────────┐
         ▼                         ▼
┌──────────────────┐      ┌──────────────────┐
│ バーゼル銀行監督委員会 │      │       FSB        │
│   (2013年1月)     │      │   (2013年11月)    │
│「実効的なリスクデータ集計と│      │「実効的なリスクアペタイト枠組│
│ リスク報告に関する諸原則」│      │  みに係る原則」    │
└──────────────────┘      └──────────────────┘

┌──────────────────┐      ┌──────────────────┐
│  ITインフラ充実に対応  │      │ リスクアペタイト設定に対応 │
└──────────────────┘      └──────────────────┘
```

フラ)
② Risk data aggregation capabilities（リスクデータ集計能力）
③ Risk reporting practices（リスク報告実務）
④ Supervisory review, tools, and cooperation（監督当局によるレビュー、ツール、協力）

現在（2015年7月時点）、日本の3メガバンクグループは諸原則対応のためプロジェクトチームを組成して対応している。また、諸原則対応の対象とならない地域金融機関においても、この諸原則に準じた態勢を整備しようとする動きが出てきている。

b 実効的なリスクアペタイト・フレームワークの諸原則

もともと、「リスクアペタイト」という用語は、1990年代から特にアメリカ、イギリスあたりでは使用されていたようである。ただ、近年のように脚光を浴びるきっかけとなったのは、やはりリーマンショックだったといえよう。リーマンショック後の金融危機において、全世界の金融機関が守りに入りリスクをとらなくなった。その結果、収益力が低下し、これではいけないということで、どのリスクをどのようにとるべきか、という議論のなかで「リスクアペタイト」という言葉も次第に浸透してきた。そのような折に本

諸原則が公表され、金融機関のガバナンス上の重要な課題として、リスクアペタイト・フレームワーク（RAF）の導入が明確に位置づけられた。諸原則は以下4つのトピックで構成される。

① An effective RAF（実効的なリスクアペタイト・フレームワーク）
② Risk appetite statement（リスクアペタイト・ステートメント）
③ Risk limits（リスク限度）
④ Roles and responsibilities（取締役会と上級経営者の役割と責任）

特に、トピック①「実効的なリスクアペタイト・フレームワーク」では、「RAFは情報技術（IT）と経営情報システム（MIS）と密接に連携すべき」と記載されている。これは、前述のバーゼル銀行監督委員会が公表した「実効的なリスクデータ集計とリスク報告に関する諸原則」とも整合的であり、両諸原則は密接に連携していることがわかる。

なお、日本におけるRAFの動向だが、金融庁の金融モニタリング基本方針（平成26事務年度）では、「特にG-SIBs等については、リスクアペタイトフレームワーク（経営陣等がグループの経営戦略等を踏まえて進んで受け入れるリスクの水準について対話・理解・評価するためのグループ内共通の枠組み）を構築し、経営方針の策定や収益管理等の決定にも活用しているか、検証する」と、大手行に対しては明確に記載されている。また、基本方針には明記されていないが、地域金融機関のなかにも、前述のリスクデータ集計の原則とあわせて、リスクアペタイト・フレームワーク構築のために、MISの見直しを検討するところが出てきている。

(2) 大口エクスポージャー規制

バーゼルの自己資本比率規制を補完するために、単一の債務者グループへの信用集中を防ぎ、金融機関の健全性を確保することを目的とした規制であり、2014年4月に最終規則を公表した。バーゼル銀行監督委員会では、銀行の大口エクスポージャーに対して制限を課すべき必要性をかねてから認識しており、1991年に「大口エクスポージャーの計測と管理」を公表している。

それから20年超という長い年月がたち、ようやく最終化されたものである。

$$\frac{金融機関が保有しうる特定の債務者グループに対するエクスポージャー}{基準自己資本（Tier 1）} \leqq 25\%$$

（G-SIB 間のエクスポージャーは15%）

本規制は、2019年1月から適用予定である（経過措置なし）。

なお、本邦ではこれとは別に、「大口信用供与等規制[34]」が2014年12月から施行されている。これは、大口エクスポージャー規制と整合的なものとなっているが、正確には別物であり、邦銀も現行の規制を遵守しつつ、大口エクスポージャー規制への対応も進めなければならない。

(3) 破綻時の損失吸収能力（TLAC）

グローバルなシステム上重要な金融機関（G-SIFIs：Global Systemically Important Financial Institutions[35]）が破綻したときに備えた損失吸収を確保する一連の取組みのことで、TLAC（Total Loss Absorbing Capacity）と呼ばれる[36]。大きすぎて潰せない金融機関（Too Big To Fail）という議論を終わらせるため、税金を投入せずに損失吸収能力を確保するのが目的である。

2014年11月のG20ブリスベン・サミットにおいて、この損失吸収能力を加えた新たな自己資本比率規制として16～20%の水準が示されている。

---

[34] 従前より本邦の法律に基づいて施行されていた規制。FSAP（IMFが実施する金融セクター評価プログラム）で指摘されたことを受け、2014年8月に銀行法施行令・銀行法施行規則等が公表された。バーゼル銀行監督委員会で検討されていた「大口エクスポージャー規制」と整合性を保つため、限度額の引下げ（40%→25%）などを行った。

[35] 金融機関だけでなく、保険会社なども含むG-SIFIsが対象となるため、バーゼル銀行監督委員会ではなく金融安定理事会（FSB：Financial Stability Board）で議論が行われている。

[36] 2014年前半までは、GLAC（Gone concern Loss Absorbing Capacity）と呼ばれていたこともあった。

(4) 監督当局によるストレステスト

　現在、各国監督当局（アメリカ、イギリス、ユーロ圏）によって、統一的なストレステストが実施されている。個別金融機関の自己資本充実度の確認と、金融システム全体の安定性の確認の2点を目的としたものであり、当局がマクロ経済・金融環境に関する複数のストレスシナリオを作成し、各金融機関の自己資本、流動性、収益等への影響をみる方法が一般的となっている。なお、日本では公式には実施されていないが、大手行を中心に非公式に当局との作業が行われているもようである。

　このストレステストは、マクロ経済を出発点としたシナリオがベースとなるが、マクロ経済変数と、自行のP／L、B／Sの関連性をモデル化するのは、なかなか困難な面がある。また、ストレステストの活用方法として、RAFやRRP（Recovery and Resolution Plan：再建・破綻処理計画）との連動も今後の課題といえよう。

(5) リスク情報の開示

　近年、自身のリスク情報を外部に開示する金融機関が増えている。これは、ステークホルダー（顧客、株主、従業員、地域社会、国際社会、当局）に対する経営状態の説明のなかで、保有するリスクに対しても開示の要求が高まっていることが理由である。

　金融安定理事会（FSB）の開示強化タスクフォース（EDTF）が2012年10月に公表した報告書（Enhancing The Risk Disclosures of Banks）が1つの基準となっており、本邦でも大手行を中心に開示の高度化の取組みが行われている。

(6) 再建・破綻処理計画（RRP）

　RRP（Recovery and Resolution Plan）は、G-SIFIsに対して作成が義務づけられているものである（2011年のG20ソウル・サミットで合意）。再建計画は金

融機関自身が作成し、破綻処理計画は金融当局が主導で作成することになっている。

日本においては、3メガバンクと野村ホールディングスが対象となっている[37]。日本のRRPに関する取組みは、欧米に比べるとやや劣後しているとの意見もある。金融モニタリング基本方針（従前は監督指針）などに記載があるが[38]、具体策などはやや不明瞭という見方もある。

さらに、前述のTLACの議論とあわせ、今後はTLACを前提としたRRP作成が求められてくる可能性が高いのではないかと思われる。

(7) デリバティブ取引関連の規制

金融危機以降、デリバティブ取引関連の規制も強化の方向性で進んでいる。そのなかでも中心的なものが、「集中清算義務」と「集中清算されないデリバティブ取引に係る証拠金規制」の2つである（詳細は第3章でも記載する）。デリバティブ取引残高の大きい大手金融機関では着実に対応が行われているが、地域金融機関などは、やや対応が遅れているもようである。特に変動証拠金については、規制上は残高が3,000億円以上の金融機関となっているが、監督指針上では金額に関係なくすべての金融機関で態勢整備が求められていることを認識すべきである。

(8) バーゼル規制以外の各国規制

金融機関に対する国際統一的な規制は、バーゼル規制である。しかし、2008年の金融危機以降、欧米を中心として独自の金融規制の強化も行われた。ここでは、バーゼル規制以外の、独立した各国の規制について概要を整理する（図表1－9参照）。

---

[37] 野村ホールディングスはG-SIFIsではないが、金融庁が指定している。
[38] 日本では、平成26事務年度「金融モニタリング基本方針」において、「G-SIBs等については、再建計画の策定・改訂を求め、同時に、通常時・危機時のグループ全体のリスク管理の高度化を促していく。また、金融庁においても引き続き処理計画の整備を進める」と記載されている。

まずアメリカにおいては、ドッド・フランク法が成立した。ドッド・フランク法はノンバンクも対象とするなど、広範囲にわたっているが、そのなかで銀行に焦点をあてたものが「ボルカー・ルール」と呼ばれ、2014年7月から一部適用が開始されている（全面施行は15年7月）。また、特徴的なものとしては、「スワップ・プッシュアウト」と呼ばれる、デリバティブ取引の規制である。リスクの高いデリバティブ取引を行う銀行に対する連邦支援を禁止することで、実質的に銀行本体による高リスクのデリバティブ取引を禁止した。

ヨーロッパでは、CRDⅣ（Capital Requirement DirectiveⅣ：資本要求指令Ⅳ）と呼ばれる規制が2014年から段階適用されている。もともと、CRDはバーゼルⅡをヨーロッパに法制として適用するために制定されたものであり、CRDⅣはバーゼルⅢに対応している。基本はバーゼルⅢに準拠しているが、一部追加的な要件も存在する。

イギリスは、金融危機後に最も早く独自の改革案を打ち出した[39]。「リングフェンス」は、バンキング業務とトレーディング業務の間に隔壁（リングフェンス）を設けるものであり、金融機関が実質的な破綻に陥った場合で

図表1−9　各国の規制（例）

国・地域	規制の名称	概　要
アメリカ	ドッド・フランク法	ボルカー・ルール スワップ・プッシュアウト　等
ヨーロッパ	CRDⅣ	バーゼルⅢのヨーロッパ版
イギリス	リングフェンス PLAC	投資銀行・商業銀行の分離 損失吸収力の強化（大手銀行対象）
スイス	プログレッシブ・コンポーネント	自己資本比率の水準引上げ

---

[39] 当時のイギリス金融サービス機構（FSA）のターナー会長が金融危機の原因について2009年3月に提出した「ターナーレビュー」が有名である。

も、その処理を容易にすることを目的としている。また、「PLAC」(Primary Loss Absorbing Capacity) とは、主要行に対して追加的な自己資本や、ベイルイン債券によって、損失吸収力を強化しようとするものである。また、イギリスのFSAも金融危機における対応の不備が指摘され、2013年4月に抜本的に組織が改編された。改編後は、中央銀行（イングランド銀行）の傘下に、大手金融機関を監督するPRA[40]と、その他の金融機関（投資会社等も含む）を監督するFCA[41]が置かれることになった。

　スイスでは、「プログレッシブ・コンポーネント」という規制が導入された。自己資本比率はCET 1比率で10%以上など、追加的な資本バッファーが求められており、自己資本比率の水準では世界で最も厳しい規制となっている。

40　Prudential Regulation Authority.
41　Financial Conduct Authority.

第 3 節

リスク管理態勢の現状

　本節では、本邦金融機関におけるリスク管理態勢の現状を確認し、金融当局の動きなどもふまえて、今後の方向性について考察を行う。

1　本邦金融機関のリスク管理態勢の現状

　まずここでは、本邦金融機関のリスク管理態勢の現状（図表1-10参照）を、規模等を考慮して3グループに分けて整理を行った（もちろん、例外は存在する）。なお、ここでは市場リスクの範囲だけではなく、信用リスク、統合リスク等についても考慮した。

　経営意思決定にリスク管理が機能しているか、という観点からは主要行等と上位地方銀行との間には大きな差はないといえよう[42]。逆に、経営意思決定のスピード・機動力は上位地方銀行のほうが勝っている場合もあろう。一方、中小・地域金融機関は上位2グループに比べて組織・技術の両面で見劣りがする。今後この格差はさらに広がり、二極化が進む傾向にあるといえる。

　もちろん中小・地域金融機関のなかにも、自身のリスク特性にあったリスク計測を行っている金融機関も存在する。ただその場合も、少数の優秀なスタッフの力量に頼っていて、組織として確立しているとは言いがたいケースも散見される（このようなケースでは、そのスタッフが異動したらリスク管理の

---

[42] もちろん主要行等においては、業務・商品がますます多様化・複雑化しており、それらに対応するリスク管理高度化への意識、態勢整備、推進力は他のグループと比較しても突出している。組織面でも、多くの専門スタッフが配置されている場合が多い。

図表1−10　本邦金融機関のリスク管理態勢の現状

	組織面	技術面
主要行等（メガバンクなど）	・リスク管理委員会などの運営ルールは確立されており、有意な意思決定プロセスが機能している。 ・合併や組織拡大などによって、機動的な企画やアクション実行に関して改善の余地がみられる場合もある。	・経済価値ベース、期間損益ベースの双方によってリスク管理が行われている。 ・今後の主要課題としては、RAFの構築（特にITインフラの整備）、マクロ・ストレステスト等があげられる。
上位地方銀行	・リスク管理委員会などの運営ルールは確立されており、有意な意思決定プロセスが機能している。 ・専門知識を有するスタッフがいるが、人数が少ないため属人化しているケースもあり、組織として十分機能しているとはいえない場合もある。	・経済価値ベース、期間損益ベースのリスク計測がなされているが、双方を効果的に経営意思決定に結びつけているケースは少ない。 ・今後の課題としては、RAFの構築、マクロ・ストレステスト、住宅ローンのプリペイメントリスクの把握、信用リスクとの統合管理などがあげられる。
中小・地域金融機関	・リスク管理委員会などの運営ルールは文書では存在するが、実効的な運用には課題が多い。 ・専門知識を有するスタッフの確保がむずかしい。	・金融機関全体のリスク量（VaR）を計測できていない金融機関も存在する。 ・リスク量の計測にとどまっており、意思決定を促す水準にまで達していない場合がある。 ・規制対応がメインとなっており、本質的なリスク管理高度化へ向かっていない例もある。

レベルが大幅に低下してしまう)。

このように、中小・地域金融機関における大きな課題の1つは人材の確保であろう。リスク管理部門はコストセンターであるという意識が強く、優秀な人材を戦略的に配置することがむずかしいこともあるようだ。ただしこれからは、金融機関のリスク配分戦略(リスクアペタイト)を担う経営の中枢であるという本質を再認識し、戦略的・計画的な人材育成を積極的に進めるべきであろう。

2 リスク管理の逆グローバル化・コンプライアンス化

さて、リスク管理の手法そのものは日々進化し、高度化している。リスク管理に従事する担当者も、リスク管理の高度化・精緻化に邁進している。しかし、金融機関のなかでのリスク管理業務そのものの位置づけ、実態はどうなっているのだろうか。

金融危機後、グローバル規制の中心をなすバーゼル規制がバーゼルⅢとして強化された。一方で、第2節5(8)でみたように、バーゼルⅢとは独立して、各国において規制が乱立した。これは、金融危機時における公的資金注入などに対して、各国の国民(納税者)から厳しい指摘・批判が起こったことより、やむなく各国で規制強化せざるをえない現実もあったが、バーゼル規制がグローバルな合意として尊重されてきた流れとは、逆の動きになっている。これは「規制の逆グローバル化[43]」と呼ばれることもある。

また、多くの規制に対応する必要が生じているため、金融機関にとって規制対応は、非常に重い負担となっている[44]。このようなことから、「経営のためのリスク管理」ではなく、「規制対応のためのリスク管理」となってし

---

[43] アメリカの大手機関投資家であるPIMCO社の創業者ビル・グロス氏が、2009年4月に"De-Globalization"(逆グローバル化)と表現した。ビル・グロス氏は「債券王」と呼ばれていたが、14年9月にPIMCO社を退社している。
[44] 二度とシステミック・リスクを起こさないという当局の強い意志の表れであるが、オーバーレギュレーション(規制過多)だという意見もある。

まっている側面が強く、これは「リスク管理のコンプライアンス化[45]」ともいわれることがある。そもそもコンプライアンスとは、「法令等遵守」のことであり、法律や規制を守ることを求められるものである。一方、金融機関におけるリスク管理とは、「どのリスクをとり、どのようにリターンをあげていくか（これを、現在では「リスクアペタイト」と呼んでいる）」をマネジメントするものであり、決して外部から与えられた基準に沿って遵守する、という性格のものではないはずである。

　本邦金融機関においては、1990年代半ば頃から、主要行を中心にリスク管理部門が新設され、リスク計測、モニタリングを開始した。当初は、自らの意思でリスク管理を行っていたと思われる。最初に状況が変わってきたのは、96年のバーゼルⅠにおける「マーケット・リスクを自己資本合意の対象に含めるための改定」ではないだろうか。これまで金融機関が自ら計測してきたVaRを、市場リスクの自己資本賦課の内部モデルとして導入することになったのである。金融機関と金融当局が、共通の物差しでリスクをみる、という意味では歓迎すべき動きだともとらえられたが、いまから考えるとここが1つのポイントだったような気がする。

　その後、バーゼルⅡにおいて、「リスク管理のコンプライアンス化」が顕在化した。当局の意向としては、「バーゼルⅡを契機としたリスク管理の高度化」を目指していたが、金融機関側のとらえ方は逆になってしまった。特に中小・地域金融機関においては、「バーゼルⅡに対応したリスク管理」が主眼となってしまい、自らの経営のためのリスク管理ではなくなってしまった。ただ、そのようななかでも、主要行、上位地銀レベルは、「規制対応」と「経営のためのリスク管理」をうまく切り分けて運用してきたところも多いと思われる。

　しかし現在、金融危機後に乱立した規制の強化によって、多くの金融機関

---

[45] 天谷知子氏（東京大学公共政策大学院客員教授・当時）が、著書『金融機関のガバナンス』（金融財政事情研究会、2013年5月）のなかで、「リスク管理のコンプライアンス化」という言葉を使っている。

で業務の大半を規制対応に充てざるをえず、本来行うべき「経営のためのリスク管理」が後回しになっている傾向が非常に強まっている。本来あるべきリスク管理の姿を考えると、憂うべき状況になっているともいえよう。

第 4 節

リスク管理からリスクマネジメントへ

　本章第1節2(1)でも記述したG30レポートで、独立したリスク管理部門の設置が提言されたのが1993年であり、それから20年余が経過した。この間のリスク管理は、技術的には大変な進歩を遂げたといえる。ただ一方で、2007年のサブプライムローン問題、08年のリーマンショックを発端とした金融危機を経て、リスク管理の有効性に疑問符を投げかける意見があるのも事実である。そもそも日本では、欧米から"Risk Management"という言葉が輸入されてきた時に、「リスク管理」と日本語に訳してしまったのが、ボタンを掛け違ってしまった一歩になってしまったのではないだろうか。日本語の"管理"というのは、どうしても「縛る」「押さえる」「きちんと整理する」というような語感がある。本来の"Management"である「経営する」「運営する」というイメージからは、かなりかけ離れてしまったように思われる。

　前節でも「リスク管理のコンプライアンス化」について記述をしたが、創生期から長くリスク管理に携わってきているベテランのリスクマネジャーにとっては、現在の状況を忸怩たる思いでみているのではないだろうか。金融機関は「リスクをとってリターンをあげる」企業であり、「リスク管理は経営そのもの」ということを再確認する必要があると思われる。

　また、1990～2000年前半は、リスク管理のノウハウは当然、民間金融機関にあり、たとえばバーゼルⅡのルールづくりに関しても、当局と民間が非常にいい関係で相互連携しながら高度化を果たした経緯もある。ただ、現在では「規制強化」の大義によって、当局主導で動いているのが現状だ。金融危機後の異常事態を早急に収束させるには、トップダウン方式での規制強化し

か手がなかったという見方もできるが、今後は、より官民の連携強化、リスク管理の位置づけの明確化、若手リスクマネジャーの育成が求められることになろう。

第 2 章

市場リスク評価の基本的手法

第 1 節

市場リスクの定義と認識

1　市場リスクの定義

　市場リスクとは、金利・為替・株価などの市場要因が変動することで、保有する資産負債のポジションの価値が変動し、損失が発生するリスクと定義される。「市場要因」には、金利や為替のボラティリティや相関関係なども含まれる。さらに、エネルギーや農作物・畜産物などのコモディティ商品、天候や気温の先物などのポジションがある場合は、それらの原資産の動きも市場要因となる。市場リスクは、「経済価値ベース」と「期間損益ベース」の２種類に分類して把握することが一般的である（図表２−１参照）。この考え方は、金融検査マニュアル[1]やバーゼル銀行監督委員会の公表ペーパー[2]とも整合的である。

　ある一定期間（通期・半期等）に発生する損益を「期間損益」として認識する方法は、財務会計とも整合的であるため、伝統的に収益指標として使用されてきた。一方の「経済価値」は、将来発生するキャッシュフローをすべ

---

[1] 金融検査マニュアルでは「市場リスクとは、金利、為替、株式等の様々な市場のリスク・ファクターの変動により、資産・負債（オフ・バランスを含む。）の価値が変動し損失を被るリスク、資産・負債から生み出される収益が変動し損失を被るリスクをいう」とされており、「価値変動」と「収益変動」の２種類のリスクを対象としている。
[2] 「金利リスクの管理と監督のための諸原則」（バーゼル銀行監督委員会、2004年７月、日本銀行仮訳）では、「銀行の金利リスク・エクスポージャーを評価するための別々であるが互いに補完的な２つの視点」として「損益の視点」と「経済価値の視点」をあげている。本ペーパーは10年以上も前に公表されたものだが、現在の金利リスク管理手法の基礎となっている。

図表2-1　市場リスクの2種類の把握方法

市場リスクの把握	定　　義
経済価値ベース	金利や為替・株価などの市場パラメータの変化に対して、資産・負債ポートフォリオの経済価値が低下するリスク
期間損益ベース	金利や為替・株価などの市場パラメータの変化に対して、期間損益（最終的には会計上の財務損益）において損失が発生するリスク

て現在価値で評価することによって、期間損益だけではとらえきれない、企業そのものの価値を把握する指標として使用されている。金融機関経営の観点からは、双方とも重要な指標とされている。

2　市場リスクの認識

　市場リスク管理を行うためには、管理の対象とそれに影響を与えるリスク要因の把握が第一歩となる。金融機関が保有する商品とリスク要因を網羅的に洗い上げ、商品ごとに、どのリスク要因が影響を与えるのか定義を行う。
　図表2-2はその定義の一例を示したものである。縦軸に「商品区分」、横軸に「リスク要因」（リスクファクター）をとっている。リスク要因については、一般市場リスクの代表的な要因である「金利」「為替」「株価」とし[3]、さらに「その他リスク」の要因として「中途解約」「信用リスク」を定義した[4]。
　それぞれの商品区分が影響を受けると考えられるリスク要因に「○」印をつけている。たとえば、「日本国債」という商品のリスク要因は「金利」の

---

[3] 「コモディティ」も重要なリスク要因の1つである。コモディティ市場は金融（金利、為替、株価）市場と異なる特性があり、そのリスク管理には十分留意が必要である。ただし、基本的なプロセスは「価格」で評価する株式と同じであると考えられるため、本章ではコモディティに関する記述は割愛する。
[4] カウンターパーティ・リスクについては、ここでは定義の対象外と位置づけている。

図表2－2　商品区分とリスク要因の定義（例）

商品区分			リスク要因				
			一般市場リスク			その他リスク	
			金利	為替	株価	中途解約	信用リスク
市場性商品	線形型	日本国債	○				
		地方債	○				○
		社債	○				○
		MBS	○			○	○
		外国国債	○	○			
		外国社債	○	○			○
		金利スワップ	○				
		為替スポット		○			
		為替フォワード	○	○			
		通貨スワップ	○	○			
		株式			○		
	非線形型	債券オプション	○				
		金利スワップション	○				
		為替オプション	○	○			
		通貨スワップション	○	○			
		株式オプション			○		
		仕組債券	○	○	○	○	○
非市場性商品	線形型	預金	○				
		貸出金	○			○	○
		預金（外貨建て）	○	○			
		貸出金(外貨建て)	○	○			○
	非線形型	仕組預金	○			○	
		仕組貸出金	○			○	○

みとなる。「地方債」の場合、地方自治体のデフォルトリスクも考慮する場合は、「信用リスク」もリスク要因に加わることになる[5]。また、「貸出金」の場合、住宅ローン等における期限前返済も考慮する場合は「中途解約」もリスク要因として追加される。このように、1つの商品であっても、いくつかのリスク要因が複合的に存在する場合が多く、このアプローチによってどのリスク要因を市場リスク管理の対象とするのか、明らかにする必要がある。

なお、図表2－2で記載した「その他リスク」には、中途解約リスクや信用リスクだけではなく、以下のようなリスクも考慮する必要がある（図表2－3参照）。

図表2－3　個別・その他リスクの例

リスク種類	概　要
個別リスク	市場全体の動きで説明できる「一般市場リスク」とは別に、銘柄（発行体）ごとの信用度などを「個別リスク」として把握する。信用リスクを含む商品の場合はここで考慮される。
ロールオーバーリスク	現在の金融取引の満期（期限）が到来した後も、同様の取引を継続することをロールオーバーといい、ロールオーバー時点の市場環境や需給関係により、予想外の金利や価格での取引継続を余儀なくされ、損失を被るリスクのこと。
ベーシスリスク	関連している複数商品（たとえば国債現物と国債先物）の市場価格の動きが異なることによって損失を被るリスク。
モデルリスク	モデルによる推定値と実現値が異なることで損失が発生するリスク。

5　バーゼル規制上は、地方自治体の信用リスクはゼロとなっている。

第 2 節

市場リスクの評価・計測

1 市場リスク管理手法の概要

　既述のとおり、市場リスクは「経済価値ベース」と「期間損益ベース」の2つの視点から管理されるべきである（図表2−4参照）。本節では、この2つの視点から、主要なリスク要因（金利、為替、株価）に対する基本的なリスク管理手法の整理を行う。

　図表2−5のとおり、経済価値ベースにおけるリスク管理手法は、どのリスク要因についても「感応度分析」が基本となる。さらにその感応度を基本情報として「VaR」を計測し、異なるリスク要因間の相関も考慮した統合的なリスク量を計測する構造となっている。

　期間損益ベースに関しては、資産と負債の資金収支をベースとした計算を行うことになり[6]、市場や取引残高のシナリオを想定して期間損益の試算を

図表2−4　リスク管理手法の分類

リスク要因	経済価値ベース	期間損益ベース
金利	感応度分析 （BPV、GPS など） VaR 分析	ギャップ分析 シナリオ分析 EaR 分析
為替	感応度分析 VaR 分析	シナリオ分析
株価	感応度分析 VaR 分析	シナリオ分析

図表2-5　経済価値ベースと期間損益ベースの視点

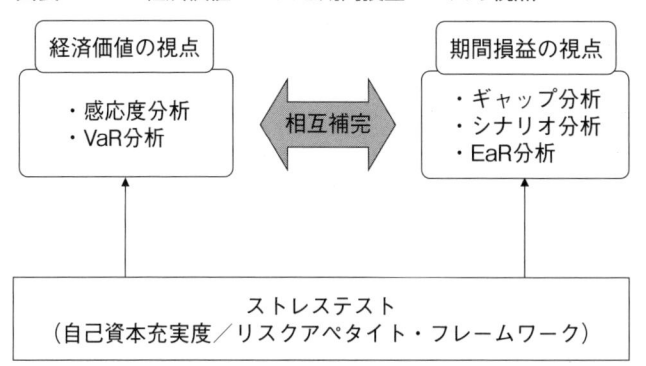

```
┌─────────────────┐                    ┌─────────────────┐
│  経済価値の視点  │                    │  期間損益の視点  │
│                 │      ←相互補完→     │                 │
│ ・感応度分析    │                    │ ・ギャップ分析  │
│ ・VaR分析       │                    │ ・シナリオ分析  │
│                 │                    │ ・EaR分析       │
└────────┬────────┘                    └────────┬────────┘
         ↑                                      ↑
         └──────────────────┬───────────────────┘
                            │
         ┌──────────────────┴──────────────────┐
         │            ストレステスト            │
         │（自己資本充実度／リスクアペタイト・フレームワーク）│
         └─────────────────────────────────────┘
```

行う「シナリオ分析」が主流となっている。また、資産・負債の残高と期間のミスマッチ部分に対する金利リスクを把握するための「ギャップ分析」（マチュリティラダー分析とも呼ばれる）も行われている。ギャップ分析は、以前から使用されている伝統的手法であるが、現在でも基礎情報として重要視している金融機関は多い。さらに最近では、将来の金利シナリオを金利期間構造モデル（ターム・ストラクチャー・モデル）によって数多く発生させ、期間損益の将来分布を把握する「EaR分析[7]」も使用されることが多い。

加えて、「経済価値」「期間損益」のいずれの視点においても「ストレステスト」の実施が重要なポイントとなる。従前は、ストレステストはVaRの補完手法として位置づけられてきた（分布のテール部分の捕捉）が、最近では統合的リスク管理の枠組みにおける自己資本充実度の検証、さらにリスクアペタイト・フレームワーク（RAF）の確立についても、ストレステストの有効活用が求められるようになっている。

以降、上記であげた主なリスク管理手法について、その特性の概説を行う。

6　債券・株式・為替などの売買損益なども別途計算する必要がある。
7　アーニング・アット・リスク（Earning at Risk）分析。詳細は第5章第2節を参照。

2 感応度分析

　感応度分析は、個別の金融商品や特定のカテゴリーのポートフォリオのリスク特性を分析する際の基礎的な手法である。リスク要因（ここでは主要な要因として金利・為替・株価を対象としている）が、微小に変化したときに、ポートフォリオの価値がどれだけ変化するかをとらえる。それぞれのリスク要因に対する感応度を把握することによって、自身のポートフォリオがどのリスク要因に対してリスクをとっているかという分析が可能となり、リスクの追加取得やヘッジのボリュームを計算し、リスクをコントロールすることができる。

　この感応度分析を行う段階では、リスク要因間の相関は考慮されないことが多い（リスク要因はそれぞれ独立に動くという前提を置いている）。また微小変化の変化幅も特に決まったものはないが、金利の場合は 1 bpや10bpの変化幅が一般的である。

　以下、金利・為替・株価のそれぞれの要因について詳細にみることにする。

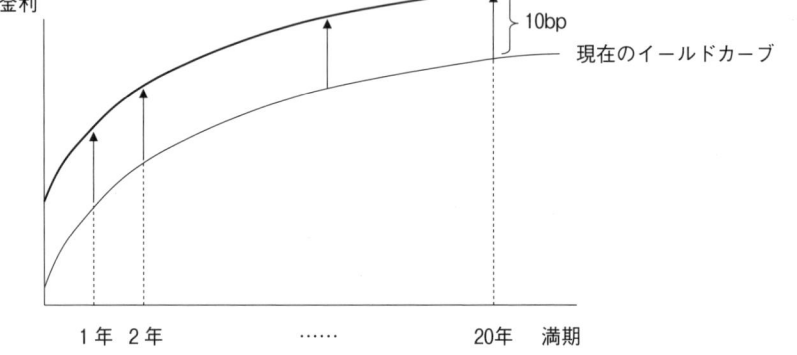

図表 2 － 6　イールドカーブのパラレルシフト（10bp 変化）

(1) 金利感応度分析

　金利リスク要因をもつ商品（債券、貸出金、預金等）については、その取引データから将来発生するキャッシュフローを計算し、イールドカーブの変化による価値変化を把握する。代表的な手法としては以下のようなものがある。

a　BPV手法（ベーシス・ポイント・バリュー手法）

　BPVとは、金利のイールドカーブを一律平行移動（パラレルシフト）させたときのポートフォリオの価値変化を表すものである（図表2-6参照）。自身のポートフォリオが全体として金利上昇に強いのか、弱いのか、直観的に把握することができるため、よく使用される指標である。後述のGPSの合計とほぼ一致する[8]ため、GPSと同時に計測・管理されることが多い。またイールドカーブは上方に変化させることが近年では一般的となっている（図表2-6では10bp上方に変化させている）[9]。

　このBPVは、債券投資分析で一般的に使用される「デュレーション」に近い性格をもつ。デュレーションは、債券の加重平均回収期間であると同時に、債券価格の金利変化に関する感応度を表す指標である[10]。その際の金利変化は、期間構造をもたない期間一定の利回り（IRR）の微小変化である。

b　GPS手法（グリッド・ポイント・センシティビティ手法）

　GPSとは、期間（グリッド・ポイント）ごとの金利をリスク要因と位置づけ、それぞれのグリッドを独立に変化させた場合のポートフォリオ価値の変化をとらえるものである。それぞれのグリッド・ポイントの市場金利が、微

---

[8] イールドカーブの形状の変化によって価値が変動する商品が存在する場合（たとえば住宅ローンの期限前返済モデルでイールドカーブの形状がリスクファクターとなっている場合など）は、合計は一致しない場合もある。

[9] 下方に変化させる事例もある。この場合、ロングポジションはプラス、ショートポジションはマイナス表示になり、感覚的にわかりやすいという意見もある。ただし、近年の低金利状態では、下方への変化幅の余地は限られることに注意する必要がある。

[10] 債券価格の式を金利について微分し、債券価格で割ったものに－1を乗じて求められる。

小幅（10bp等）変化したときのポートフォリオの価値変化を表している。実際のグリッドごとの金利変化は、図表2－7のように上方に変化させることが一般的となっている。

　この事例では2年GPS（10bp変化）の例を示しているが、変化後のイールドカーブは2年金利の両隣のグリッド・ポイントである1年金利と3年金利を結んでいる。つまり、形状が変化したのは「1年から3年」のイールドカーブということになる。2年のGPSに影響を受けるのは、1年から3年の期間に発生するキャッシュフローであり、逆にそれ以外のキャッシュフローは2年GPSには影響を与えない。

　GPS状況は、図表2－8、図表2－9のようにグラフで表示するとわかりやすい。図表2－8の例は、資産・負債別にGPSを表示したものである。10bp上方に移動させているので、感応度がプラスのものが負債、マイナスのものが資産である。負債は12M〜60M、つまり1〜5年に固まっており、資産は240M、つまり20年まで長期にわたってリスクを取得していることがわかる。また図表2－9は、資産・負債をネットしたGPSを示している。短期調達・長期運用というポートフォリオ全体の構造が直観的に把握できる。このGPSをみることによって、自身のポートフォリオがどのゾーンの金利変化に影響を受けるのか把握することができる。

図表2－7　グリッド・ポイント・センシティビティ（10bp変化）

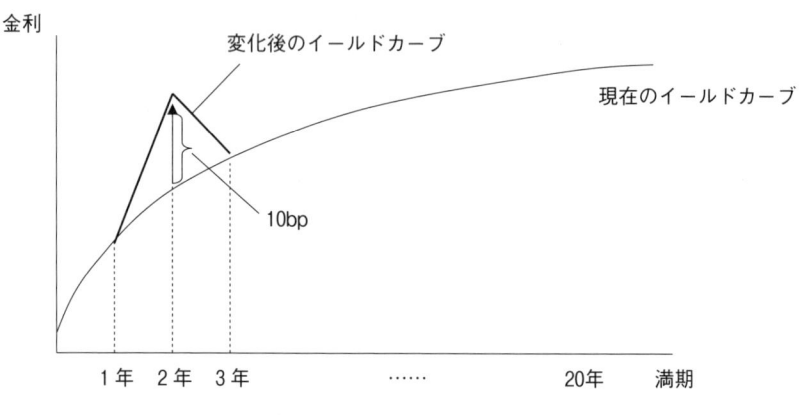

図表2−8　資産・負債別GPSの状況10bp当り（例）

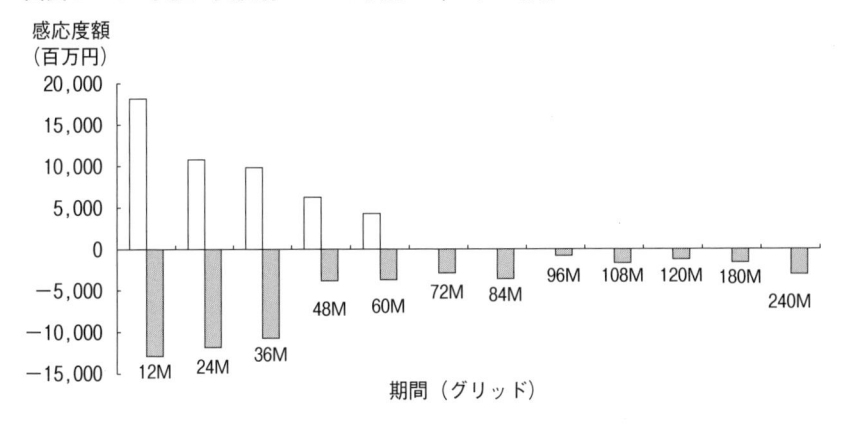

感応度額
（百万円）

図表2−9　全体GPSの状況10bp当り（例）

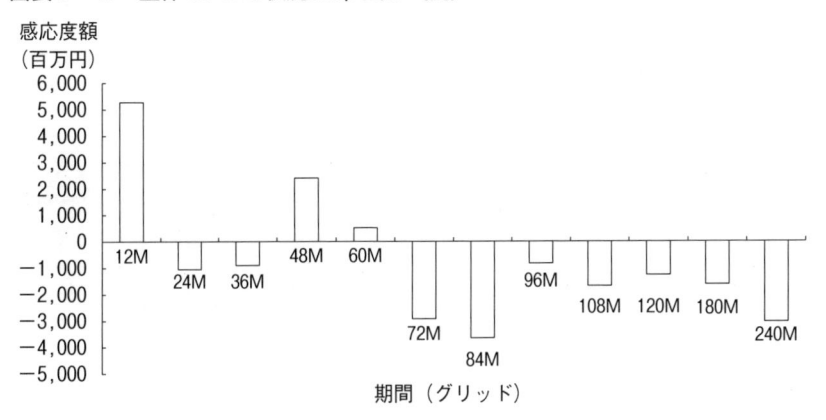

感応度額
（百万円）

(2) 為替感応度分析

　外貨建ての資産・負債については、その外貨金利変動のリスク以外に為替レートもリスク要因となる。現在の為替レートが一定割合（1円、1％等）円高（あるいは円安）に変化した場合の、ポートフォリオの価値の変化額を把握するという方法がよく用いられている。たとえば米ドル建ての債券1,000,000ドルがあるとする。現在の為替レートが1ドル＝120円とした場

合、為替レートの１％変化（円高ドル安）は１ドル当り1.20円減少となり、為替リスク要因による貸出金の価値の減少は1,000,000ドル×1.20円＝1,200,000円となる。

　この例は外貨建ての資産・負債のスポット日において円換算評価を行うというシンプルな方法であるが、商品性によっては他の要因にも留意する必要がある。

　たとえば「フォワード為替」は為替の先渡契約であり、将来の為替レートを売買するものである。金融機関の顧客の為替リスクのヘッジ手段として売買されることが多い。先物と現物の価格の差額（「直先スプレッド」と呼ばれる）は、通貨間の金利差（ドル円為替の場合はドル金利と円金利の差）に影響を受けるため、ドル、円の金利もリスク要因として考慮することが必要である。また「通貨スワップ」「通貨オプション」などの商品も、為替レート以外に金利やボラティリティもリスク要因となる。

(3) 株価感応度分析

　株価リスク要因をもつ株式商品（投資信託、ファンドなども対象とする場合が多い）は、微小な価格変動による価値変化を把握する株価感応度分析が使用される。この価格変動リスクは、「一般市場リスク」と「個別リスク」の２種類の要因に分けて考えることが多い。

　　株式の価格変動リスク＝一般市場リスク＋個別リスク

　一般市場リスクとは、市場全体の動きから生じる価格の変動であり、市場の株価インデックス（TOPIXなど）が使用される。この部分は、株式の発行体の個別要因には影響されない。一方、個別リスクとは市場の動きに関係なく発行体の個別要因に起因する価格変動を表す。上記の式は、以下のように書き直すことができる。

$$\Delta_i = \beta_i \times \Delta_m + \varepsilon_i$$

ここで、Δ_i：株式 i の価格変動、Δ_m：市場インデックスの変動、β_i：株式 i の市場インデックスに対する連動性を表すパラメータ、ε_i：株式 i の個別要因による変動を表す。

Δ_m には TOPIX や業種別インデックスなどが使用されることが多く、β_i は過去の株価データを使用した回帰分析によって求められる[11]。

(4) 非線形商品の感応度分析

前述までの感応度は、リスク要因の変化に対して損益も線形的に変化することを前提にした指標であった。しかし、オプションなどのように、リスク要因の変化に対して線形的でない損益変化が起こる商品も存在し、そのような商品に対しては非線形性を表す感応度指標の計測が必要となる。

図表2-10 債券価格と利回り

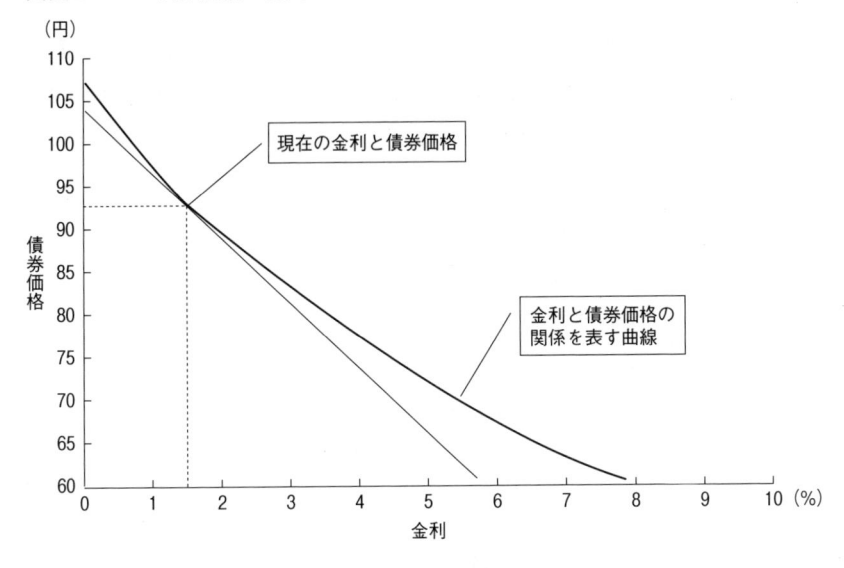

---

11 各種情報端末でも β 値の情報が提供されている。

a　コンベクシティ

　金利変化に対する債券価格の変化の非線形性を表す指標である。債券の価格と利回りは1対1の関係であり、金利が決まると価格も一意に決まる。本章第2節2(1) a で記載したデュレーションは、その金利変化に対する債券価格の変化を表すものであったが、この金利と価格の関係は非線形性をもつことが知られている[12]。

　図表2-10は、債券価格と利回りの関係を表した一例である。債券価格は金利の変化に対して下に凸の形状で変化する。デュレーションは現在の金利（図中では1.5%近辺）における接線を表すもので、金利が大きく変化した場合には乖離が大きくなる。

b　オプションリスク指標

　オプション性をもつ商品を保有している場合は、オプション特有のリスクを把握する必要がある。オプション性商品は、以下のように2種類に分けて整理することができる。

（i）　オプション性が明確なもの

　キャップ（Cap）やフロア（Floor）、スワップション（Swaption）のように、デリバティブ市場で取引されている商品の場合は、その取引の条件（オプションの行使日、行使価格など）が契約上明確になっている。オプション評価のための感応度の計測も方法論が確立されている場合が多い[13]。また、仕組債券や仕組ローン、仕組預金などの商品も、その裏付けとなるデリバティブ商品を分解して、そのオプション部分の評価が行われる。

（ii）　オプション性が不明確なもの

　住宅ローンの期限前返済、定期預金の中途解約などは、顧客側にその判断の権利がある。これは「顧客側が権利（オプション）を買っている」と考えることができ、広義の意味でオプション性商品と考えることができる。た

---

[12]　債券価格の式を金利について二階微分し、現在価格で割ることにより求められる。
[13]　オプションの行使条件によって、解析手法やモンテカルロシミュレーション手法などが使用される。

だ、(i)のような条件（行使日、行使価格など）が明確に決まっておらず、また非市場性商品が中心となるため、経済合理的な行動がとられない場合も多く、顧客行動を評価するモデルが必要となる。近年では、特に住宅ローンの

図表2-11　オプション性の商品分類による対応

分類	商品の例	オプションリスク計測の対応（例）
オプション性が明確な商品	キャップ フロア スワップション 仕組債券 仕組ローン・預金 など	［解析法］ ブラック・ショールズ式などによる価値評価、リスク感応度の計測 ［シミュレーション法］ モンテカルロシミュレーションによるオプション価値評価、リスク感応度の計測
オプション性が不明確な商品	住宅ローンの期限前返済 定期預金の中途解約など	［解析法］ ハザードモデル等を使用した期限前返済特性の把握 ［シミュレーション法］ モンテカルロシミュレーションによるオプション価値評価、リスク感応度の計測

図表2-12　オプションリスク感応度の概要

感応度	概要
デルタ	オプションの原資産（たとえば金利）の微小変化によるオプション価値の変化。
ガンマ	デルタの原資産（たとえば金利）に対する感応度。オプション価値の非線形性（2次的なリスク）を表す指標。前述のコンベクシティと同様である。
ベガ	オプション価値のインプライド・ボラティリティ（変動性）に対する感応度。市場のボラティリティが上昇すれば、オプションはその不確実性が高まり、オプション価値は上昇する。
セータ	オプション価値の時間経過に対する感応度。時間が経過してオプション行使日に近づくほど、オプション価値は減少する。

期限前返済特性を把握するため、過去の返済データを蓄積し、モデル化の研究が進んでいる。オプション性商品を、その特性によって分類・整理したものが図表2－11である。

また、一般的によく使用されるオプションリスクの感応度の概要は図表2－12のとおりである。この感応度にはギリシャ文字が使われる場合が多いため、オプショングリークと呼ばれることもある。

後述するVaRにおいて、このオプション性商品も統合して計測する場合は、デルタ値を感応度として使用することもある（特に、分散共分散法のような解析法を用いる場合）。これは、オプション性商品の価値も、線形的に変動するという仮定を置いていることになる。ただし、市場価格（金利）が大きく変動すると、オプションの価値変化は線形とはならない。このような場合の対応として、ガンマ値などでその非線形性を把握しておくことが重要となる。

3　バリュー・アット・リスク（VaR）分析

市場リスク管理において、VaRはすでにデファクト・スタンダードともいえる指標となっている。VaRは1980年代後半から、欧米の先進的な金融機関を中心に拡大した。金融商品や業務が複雑化し、商品・業務ラインごとのリスク計測・報告のみでは、全社の正確なリスク把握が困難になっていたことが背景にあったといえる。

また金融当局サイドにも、監督・検査の効率性をあげるために、金融機関が抱えるリスクを表す標準的な指標が必要だという考えがあった[14]。このように金融機関側と当局側の思惑が一致したことが推進力となり、VaR計測の技術が大きく発展した。また、第1章でも記載したが、G30（Group of 30）が1993年に公表したレポートの影響も大きかった。G30レポートを機

14　最終的には、自己資本比率規制（バーゼルⅠ）におけるマーケット・リスク量の算出でVaRを用いた内部モデル方式が規定された。

に、本邦においても大手金融機関を中心に VaR を採用する動きが活発化し、2000年代にかけては中小金融機関にも拡大した。

当初は市場性商品の売買を頻繁に行う市場部門のリスク計量に使用されていたが[15]、金融機関全体の統合的なリスク管理の観点から、預金や貸出金なども含めた全ポートフォリオを対象に VaR 計測を行うことが、最近では一般的になっている。また VaR の考え方は市場リスクだけにとどまらず、信用リスクやオペレーショナル・リスクなど、他のリスク計測にも適用されてきている。

(1) VaR 計測の本質

「起こりうるすべての状況を想定し、その状況がどのような確率で分布するのか」を把握するのが、VaR 計測の最大の目的であり、リスク把握の本質である。人間は将来のある時点での状況（金利や株価など）を正確に予測することは不可能である。そのため、ある確率分布を想定し、統計的手法を用いてリスク（起こりうる損失額）を見積もろうとする考え方である。

VaR 計測は大きく以下の2つの要素に分類できる。
① 将来起こりうる状況の可能性をシナリオとして特定すること
② 起こりうるすべての状況においてポートフォリオの再評価を行うこと

まず①は、将来の金利や株価などのリスク要因がどのような値をとるか、確率分布でモデル化するものである。その後、②でその分布に含まれるすべてのシナリオ（将来の状況）についてポートフォリオの再評価を行うことになる。

この①と②によって作成される将来のポートフォリオ価値の分布は、リスク管理を行ううえで重要な情報となる。VaR 値というのはその分布におけるある1点（99％点等）を特定した数値であるが、ポートフォリオのリスクをきちんと把握するためには、VaR 値の数値だけではなく、この分布の特

---

[15] もともと、自己資本比率規制のマーケット・リスク量算出の対象はトレーディング勘定であったことも影響していると思われる。

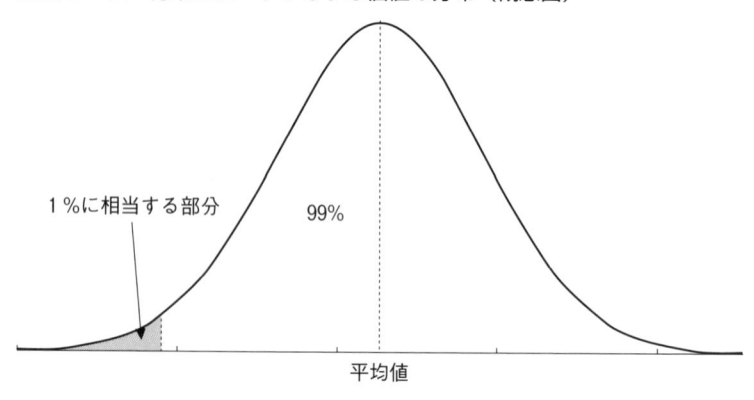

図表2−13　将来のポートフォリオ価値の分布（概念図）

1％に相当する部分　　99%

平均値

性をきちんと理解する必要がある。

　図表2−13は、将来のポートフォリオ価値の分布を表した例である。ここでは正規分布を使用しているが、それに限られるわけではない。対象のポートフォリオの特性によって、対数正規分布や、ヒストリカルデータによる分布を想定することもありうる。重要なことは、リスク管理担当者から経営層まで、どのような分布を想定しているのかを十分に理解しておくことである。

　また、VaR値は「最悪状態における損失額」と説明されることが多いようだが、この「最悪状態」についてもきちんと定義をしておく必要がある。前述のとおり、VaR値は分布のテール部分のある1点を取り出した数値である。「めったには起こらないが、それでもたまには起こる可能性があるリスクを把握する」というのは、リスク管理を行ううえで納得感の得られる考え方であろう。その観点から、「100回に1回程度」という水準が受け入れられ、信頼区間99％という設定が多く採用されている[16]。

　さらに、VaR計測には「保有期間」を設定する必要がある。将来発生する可能性のある損失が、どの程度の期間で発生すると見越しているか、とい

16　信用リスクでは、信頼区間は99.9％が採用されることも多い。

う時間の概念である。商品特性によってその設定は異なる場合が多い（市場性商品は短く、預貸金は長くするなど）。

バーゼル規制の自己資本比率計算上における一般市場リスクの計算では、信頼区間は99％、保有期間は10日での計測が求められている[17]。

(2) VaR計測手法

VaR計測にはさまざまな手法が存在するが、「ポートフォリオ価値の分布を作成し、そのなかの1点をVaR値とする」という基本的な考え方は同じ

図表2-14　3種類のVaR計測手法概要

手法	特徴・性質
①分散共分散法	・リスク要因（金利、為替、株価など）の変動率（ボラティリティ）と相関係数を使用する。ポートフォリオの損益分布は正規分布であると仮定し、またリスク要因の変化によるそれぞれの商品の価値の変化は線形であるとしている。 ・計算方法が単純で理解しやすい利点をもつ半面、テール部分（分布の裾野部分）のリスクが過小評価される傾向がある。またオプション性をもつ商品の非線形特性（ガンマ）もとらえられない。
②ヒストリカル法	・リスク要因（金利、為替、株価など）の過去に実際に起こった市場の動き（たとえば過去3年、5年など）を、現在の市場に適用したときのポートフォリオの価値の分布を求めて、リスク量を計測するものである。 ・過去に実際に起こった市場の大きな動きも反映され、現実感のある価値変動の分布が得られる場合が多い。一方で、過去と将来の市場環境の違いから、過去の動きをそのまま将来へ当てはめることに関しては、検討の余地がある。またオプションの非線形性に対応が可能である。
③モンテカルロ法	・複数のリスク要因に対して乱数を多数発生させることによってポートフォリオの価値の分布をとらえるものである。オプションの非線形性に対応が可能である。

---

[17] マーケット・リスクの必要自己資本計測にVaRの内部モデルを採用している金融機関を対象としている。

である。

　VaR計測手法は、一般的に「分散共分散法」「ヒストリカル法」および「モンテカルロ法」の3種類に分類されることが多い。そのなかでも、主に前2つの方法がよく使用されているようである。どの方法が最も優れているか、ということではなく、それぞれの手法の長短所を十分理解し、リスク運営に効果的に活用することが求められる。3種類の手法についての概要は図表2-14のとおりである。

　②、③の手法は、多くのシナリオを生成して（1,000～10,000シナリオ）、ポートフォリオの価値をその数だけ再評価するため、システムの計算負荷が高いといわれてきた。実際、計算負荷の軽減やロジックの簡便さから、①の分散共分散法を採用する金融機関が多かったといえる。しかし、近年のIT技術の急速な発展に伴い、計算処理上の問題は一般的な金融機関のポートフォリオの規模であれば、ほとんど問題はなくなっている。最近の金融商品特性の複雑化や、テール部分のリスク把握の精緻化などから、特に大手金融機関を中心にヒストリカル法を採用しているか、あるいは採用を検討しているところが増えてきているようである。

(3) VaR計測のプロセス

　VaR値は、図表2-15で示したように、5段階のプロセスによって計測されるのが一般的である。

a　計測対象のポートフォリオの特定

　リスク管理の実務では、金融機関全体だけでなく、業務部門ごと、商品ごとなど、複数のVaRを計測する場合が多い。どのポートフォリオをVaR計測の対象とするのか、まず初めに特定する必要がある。たとえば、「預貸金ポートフォリオ」「有価証券ポートフォリオ」は分けてVaRを計測することが多い。また、有価証券ポートフォリオの内訳として、トレーダーごと、ポジション枠の付与単位ごと[18]などで計測される場合もある。

図表2−15　VaR計測のプロセス

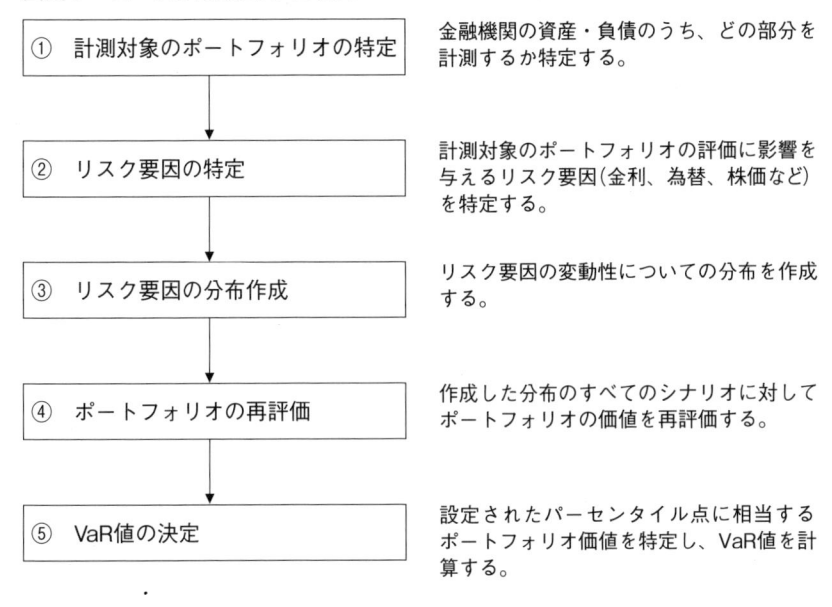

① 計測対象のポートフォリオの特定	金融機関の資産・負債のうち、どの部分を計測するか特定する。
② リスク要因の特定	計測対象のポートフォリオの評価に影響を与えるリスク要因（金利、為替、株価など）を特定する。
③ リスク要因の分布作成	リスク要因の変動性についての分布を作成する。
④ ポートフォリオの再評価	作成した分布のすべてのシナリオに対してポートフォリオの価値を再評価する。
⑤ VaR値の決定	設定されたパーセンタイル点に相当するポートフォリオ価値を特定し、VaR値を計算する。

b　リスク要因の特定

　前述の感応度分析では、主要なリスク要因として「金利」「為替」「株価」をあげたが、VaR計測のリスク要因も感応度分析のリスク要因と整合的であることが望ましい。

　実務上は、これら3つのリスク要因に加えて、どの程度までその他のリスク要因を考慮するべきかを検討する必要がある。VaRをできるだけ精緻に計測するためには、ポートフォリオに影響を与えるすべての要因をVaR計測モデルに取り込む必要がある。ただし、あまり多くのリスク要因を取り込んでも複雑になりすぎ、かえって非効率になる場合もある。ポジションのボリュームや影響度合いなどを考慮して、取り込むリスク要因について決定することが重要である。

18　トレーダーのパフォーマンス評価では、リスク（VaR）対比リターン指標が使用されることが多い。

図表2-16に、リスク要因の定義の際によく検討される内容の例をあげる。

たとえば、仕組預金や仕組ローンなどを積極的に組成・販売している場合には、デリバティブ関連のボラティリティなどの要因も取り込む必要が出てくるであろう。また、貸出金全体に対する住宅ローンの割合が大きい金融機関は、期限前返済の要因は無視できない。

また、VaR計測モデル自体には取り込まない場合でも、ストレステストなどで、その要因の影響を把握しておくことは重要である。

c リスク要因の分布作成

上記で特定したリスク要因それぞれについて将来どのように変化する可能

図表2-16 リスク要因の検討例

リスク要因		検討の内容
外貨金利	通貨の数	主要通貨（ドル、ユーロなど）以外にどの程度まで外国通貨を考慮するか。
為替	通貨の数	主要通貨（ドル、ユーロなど）以外にどの程度まで外国通貨を考慮するか。
株価	個別株要因	株価指数（TOPIXなど）連動以外の個別株のリスクをどこまで考慮する必要があるか。
コモディティ	価格	コモディティ価格をどこまで細かく取得するか。
デリバティブ関連	ボラティリティ	オプション（キャップ、フロア、スワップションなど）を組み込んだ商品を保有している場合、インプライド・ボラティリティの変動を考慮する必要はないか。
	ガンマ	オプション商品の場合、価格の非線形性をどこまで考慮するべきか。
顧客行動	住宅ローン期限前返済	住宅ローン債務者の期限前返済行動をどのように考慮するか。
	定期預金中途解約	預金者行動をどのように考慮するか。
	流動性預金	

性があるのか、その分布を想定し作成を行う。分布の作成における最も大きなポイントは以下の2点である。

① リスク要因が変動する「ボラティリティ」と要因間の「相関」
② 分布形状をどのように仮定するか

VaR計測は、前述のとおり複数の手法が存在するが、その違いはこの①、②をどのように考えるかであることを理解しておく必要がある。

d ポートフォリオの再評価

作成した分布に含まれるすべてのシナリオについて、ポートフォリオの再評価が行われる。理想的には、ポートフォリオに含まれるすべての商品（預金、貸出金の明細一本一本や、すべての証券、デリバティブの取引単位など）に対して可能な限り精緻に評価をすべきであるが、実際の業務運用やシステムの計算処理速度などの制約から、ある程度のみなしを置いて計算することが多い。

また、オプション性をもつ商品については非線形性に注意する必要がある。簡便法としてデルタ[19]を使用する方法もあるが、リスク要因の変動幅が大きい場合は、ガンマ[20]による調整を行う必要もあろう。さらに、住宅ローンの期限前返済などをモデルに組み込んでいる場合も、オプション特性を把握する必要がある。

e VaR値の決定

上記dのプロセスによって、cで作成された分布のシナリオ数と同じ数のポートフォリオ価値を含む分布が作成される。VaR値はこの分布のなかの1点を抜き出して表示したものである。たとえば信頼区間99％をVaRと定義した場合は、分布のシナリオが10,000個あれば、10,000×1％＝100番目[21]に大きい損失の額がVaR値ということになる。

---

19 市場金利（価格）の変化に対する線形（1次）の感応度。図表2－12参照。
20 市場金利（価格）の変化に対する非線形（2次）のリスクを表す感応度。図表2－12参照。
21 パーセンタイル点の特定には複数の方法が存在する。

(4) VaR計測に係る留意点

ここでは、VaR計測においてよく議論・検討が行われる点について列挙しておきたい。

a 保有期間の問題

VaR計測には「将来発生する可能性のある損失が、どの程度の期間で発生すると見越しているか」という保有期間を定義する必要がある。これは商品ごとの特性によってとらえ方が変わってくる。

たとえば市場で売買可能な「債券」であれば、1日あれば保有債券のすべてを売却できるかもしれない（つまり、損失発生は1日ですべて完了すると見越している）が、市場のない預金や貸出金のポジションを解消するには、相当な時間がかかることが予想される。そのような観点から、保有期間は対象となるリスク・ポジションの特性に応じて設定されることが一般的となっている[22]。

ただし、この保有期間に対してはさまざまな議論があるのは事実である。前述の設定方法は、「保有期間は、とっているポジションを解消するために必要な時間に応じて決めるべきである」という考え方に基づくものである。しかし現実的には、「ポジションを解消するための時間」を決めるのは困難である[23]。一般的な方法に準じて設定している場合でも、このような課題が内在していることには留意しておく必要がある。

---

[22] 『統合リスク管理の高度化』（日本銀行金融機構局、2005年7月）では、「先進的な金融機関では、市場リスク対象資産の保有期間を、バンキング部門では1～6カ月間、トレーディング部門では1～10日間、政策株については6カ月～1年間としている先が多い」と記載されている。また、最近実施されている日本銀行の金融高度化セミナーの資料では、「保有期間はリスク・ポジションの変更可能期間を考慮して設定」と記載されている。

[23] 売却することを決めてから売却するまでの期間ととらえた場合、その期間中にポジションが残存して価値が変動してしまう可能性もある。また、「売却を決める」までの期間の問題もある。明確な売却ルールが存在しない場合は、過去の経験値などが活用されることも考えられるが、それは必ずしも現時点のポジションとは関連がないともいえる。

b 過去データの観測期間の問題

　VaR計測は、過去の市場データの変動性がベースとなるため、過去どれだけさかのぼるかがポイントとなる。一般的には、同じ特性をもつデータの場合、サンプルの数が多ければ多いほど統計値の誤差は小さくなる。観測期間を決定する際には、図表2-17のような点に留意しなくてはならない。

　多くの金融機関において、トレーディング部門[24]のみならず、バンキング部門も含めた全体のVaR値が経営指標として活用されている。実務運用としては、VaR値が頻繁に大きく変動すると判断指標として扱いづらい、という指摘も出てきている。たとえば、長期金利が例外的に急騰した期間が観測期間に入る（あるいは観測期間から外れる）ときに、VaR値は大きくぶれる可能性がある[25]。もちろんリスク管理業務として、そのぶれた要因を分析、報告する必要があるが、VaR値の水準を連続的にモニタリングしていく観

図表2-17　観測期間についての留意点

観測期間	留意点
長期間（3～5年程度）	・サンプル数が多いため、統計値の誤差は小さくなる（分散共分散法の場合、ボラティリティや相関係数の値は安定しやすい）。 ・古い期間のデータも使用されており、現在の市場環境から大きく乖離している場合もある。
短期間（1年程度）	・サンプル数が少ないため、統計値の誤差が大きくなり、モデルの不確実性が高くなる（分散共分散法の場合は、ボラティリティや相関係数が大きく変動する可能性がある）。 ・古い期間のデータは使用せず、最近の市場環境のみを反映させている。

24　自己資本比率規制の市場リスク計量に内部モデル手法を採用する場合は、VaR計測の前提に基準が定められている（日次計測・観測期間1年・信頼区間99％・保有期間10日）。
25　2014年には、観測期間を5年としていた金融機関において、08年のリーマンショック時の相場変動が観測期間から外れたため、VaR値が減少する傾向がみられた。

第2章　市場リスク評価の基本的手法

点からは、ある程度安定しているほうが望ましいという意見もある。

その一方で、市場が大きく変動した場合に、VaR値にその状況を反映させたいと考える場合もある。その場合には、観測期間を短めにする、または古いデータより最近のデータに重みをつける等のデータ調整を行う方法もある。

c 過去データの変化把握方法の問題

過去の市場データから、その変化を把握する際には、大きく図表2−18に示した3種類の方法が採用される。

株価や為替など、価格で計算するものについては、③対数変化率を採用することが多いようであるが、金利の場合は、①変化幅か、②変化率のどちらかが多い。①〜③のうち、どれが正解というものはないが、自社がどの方法でVaR計測を行っているのか、理解しておく必要がある。また日々計測しているVaRが大きく動いたときの要因も、これらの方法に起因していることが多い（たとえば、金利が非常に低い状態の時に、少しでも金利が変動すると、②変化率は大きな値となる）[26]。

d 将来取引分の取扱いの問題

VaR計測の大きな特徴として、「VaR計測時点で保有しているポジション」を対象に計測していることであり、新たな取引によるキャッシュフローは対象としていない点があげられる。これは、VaR計測においては、将来

図表2−18 市場の変化把握方法

変化把握方法	計算方法
① 変化幅	$Y - X$
② 変化率	$(Y - X) / X$
③ 対数変化率	$\log (Y/X)$

（注）X：基準市場価格、Y：変化後の市場価格

---

[26] 近年、円金利においてもマイナス金利が発生している。対数変化率の場合、計算できないことがあるので注意が必要である。

の取引はすべてその将来時点の市場価格で取引可能であるという前提を置いているからである。しかし預金・貸金のように、市場価格ではない取引も多く存在するのが事実であり、市場価格と預貸金の価格の差である「ベーシス」を無視したかたちになっていることに留意する必要がある。預金・貸金の取引の継続性、また中途解約性をどのようにVaRに組み込むか、銀行勘定の金利リスク計測の大きな課題であるといえよう。

e テール部分のリスク把握に関する問題

VaR計測の方法として「分散共分散法」と「ヒストリカル法」について前述したが、ヒストリカル法の利点の1つとして、テール部分の把握に優れていることがあげられる。

実際の金利や株価・為替の市場においては、正規分布で想定するよりも大きな変動が頻繁に起こっていることが観察されており、このような現象を「ファットテール」と呼ぶこともある。つまり、市場の変動性を正規分布で仮定している分散共分散法を採用している場合は、リスクを過小評価している可能性があることに注意する必要がある。

図表2-19 分散共分散法とヒストリカル法によるVaR分布比較

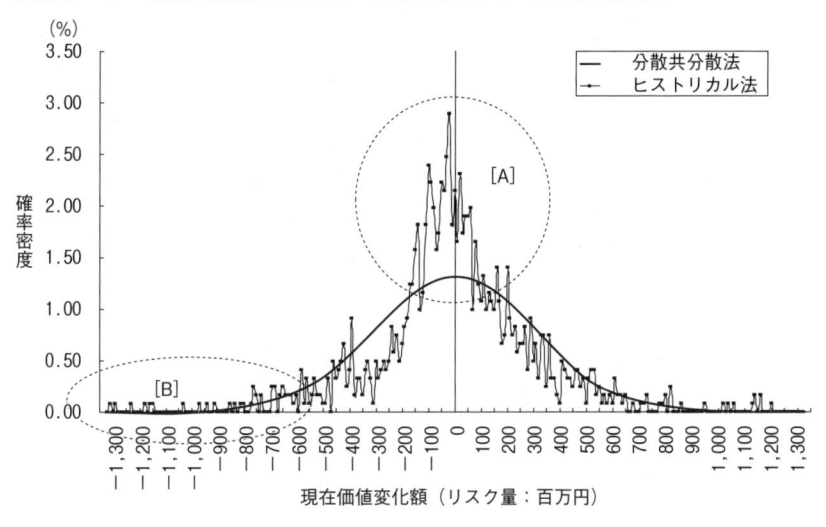

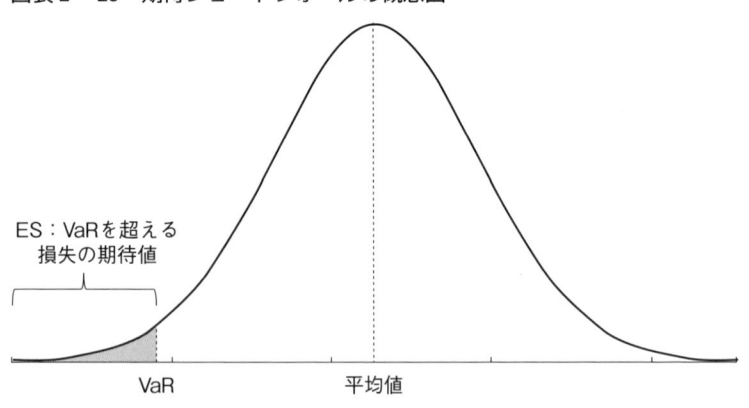

図表2-20　期待ショートフォールの概念図

ES：VaRを超える損失の期待値

VaR　　平均値

　図表2-19は、サンプルデータを使用して、VaRの分布を分散共分散法とヒストリカル法で比較したものである。過去データは過去5年の日次ベース（変化幅は月次）で計測している。ヒストリカル法においては、平均部分（あまり価値が変動しない［A］部分）の発生頻度が多い半面、動くときには大きく変化する（［B］部分）傾向があることがわかる。これは市場変動の動きとも合致しており、経験的・感覚的にも受け入れやすい。
　なお、このテール部分のリスク把握の方法として、期待ショートフォール（ES：Expected Shortfall）[27]と呼ばれる手法が注目されている（図表2-20参照）。これは、バーゼル銀行監督委員会が2012年5月に公表した「トレーディング勘定の抜本的見直し」のなかでも、従来のVaRにかわる手法として提唱されているものである（バーゼル3.5と呼ばれることもある）。
　VaRには、信頼区間外のリスクが把握できないこと、また劣加法性[28]を満たさないなどの理論的な課題が指摘されてきた。2008年の金融危機でも

27　CVaR（Conditional Value at Risk）、T-VaR（Tail Value at Risk）などと呼ばれることもある。
28　全体のリスク量は、個別ポジションのリスク量の単純合計を下回ることを劣加法性と呼ぶ。リスク計測におけるリスク分散効果のことであるが、VaR計測手法では必ずしもそうならない場合があることが指摘されている。

VaRを大幅に超える損失が発生したのは事実である。これらの弱点を補う手法がESであり、一定の信頼水準を超えた損失額の期待値をとる手法である。たとえばヒストリカル法で10,000シナリオを行った場合、パーセンタイル点を99％とすれば、テール部分は10,000×1％＝100シナリオとなり、この100シナリオの損失額の平均値をとることになる。

4　ストレステスト分析

ストレステストは一般的に、「例外的だが蓋然性のある金融市場の大きな変化が、保有する資産・負債の損益、価値、またリスク量に与える影響を把握する方法」とされ、市場リスク管理手法の1つとして従前より使用されてきた[29]。特に、2008年のリーマンショックによる世界的な市場混乱によって、多くの金融機関が想定以上の損失を出したこともあり、ますますその重要性が高まってきている。

さらに最近では、金融システム全体の健全性を確認するために、各国の金融監督当局が個別金融機関の健全性と金融システム全体の安定性の確認のため「マクロ・ストレステスト」を導入したこともあり、その手法についても高度化が進められている。

(1)　ストレステストとVaRの違い

ストレステストは、従前よりVaRを補完する位置づけとして使用されることが多かった。VaRはあくまでもある前提条件（たとえば、正規分布に従うという仮定や99％信頼区間等）のもとでの損失額を計測するものであって、その前提条件が異なった場合（正規分布の前提が崩れた場合や、99％点を大幅に超えて損失が発生するケース）の損失額は把握できない。このように、VaR

---

[29] 金融検査マニュアルでは「定期的に又は必要に応じて随時、市場等のストレス時における資産・負債（オフバランスを含む）の現在価値の変動額等について計測」することが求められている。

でとらえきれない損失額を把握する方法として、ストレステストは有効である。

VaRとストレステストの役割の違いを整理すると、以下の3点となる。

a　テールリスクの把握

VaRで想定する分布のテール（裾野）部分の捕捉を行う。たとえば正規分布を仮定したVaRは、実際の市場動向にかんがみるとリスクを過小評価する傾向があり、その部分の捕捉が重要となる。

b　ストレスシナリオへの対応

市場の流動性枯渇など、大きな市場変化による市場価格の急激な変化は、ストレスシナリオ発生時のリスクとしてとらえる必要がある。VaRはこのストレスシナリオを考慮することがむずかしく、ストレステストで捕捉することが重要となる。

c　コンティンジェンシー・プランの策定

市場環境や経営環境が急激に変化した場合、金融機関の業務継続のために採算性を度外視した迅速なアクションが求められる場合がある。VaRのみでこれに対応するのはむずかしく、ストレステストを活用することによって、そのシミュレーションとコンティンジェンシー・プラン策定が可能となる。

VaRにおける「信頼区間」や「保有期間」の概念は、ストレステストにはない。また、VaRでは把握できないポートフォリオの極端な偏在性をあぶり出し、警告を行うツールとして有効であるといえる。このように、VaRとストレステストは、その役割が明確に異なっており、それぞれの手法を併用することによって、効果的なリスク管理が可能になるといえる。

(2) ストレステストの目的

ストレステストは、その目的によって図表2-21のように分類することができる。

図表2-21 ストレステストの活用目的

	① 自己資本充実度の検証	② RRPの作成	③ 事業計画（リスクアペタイト）
シナリオの起こりやすさ	めったに起こらないシナリオ（蓋然性は低い）	ほぼ起こる可能性がないと考えられるシナリオ（蓋然性はかなり低い）	ある程度起こりうるシナリオ（蓋然性はある程度高い）
関係部門（例）	リスク統括部門	総合企画部門 財務企画部門 リスク統括部門	総合企画部門 財務企画部門 営業企画部門（各業務部門を含む） リスク統括部門

　まず、①の自己資本充実度の検証は、多くの金融機関でこれまでも実施されてきたものである。ストレス状態になった場合でも、自己資本が毀損することがないか財務の健全性の評価を目的とする。統合的リスク管理の枠組みのなかでの資本配賦において、各業務部門への配賦しない資本（バッファー）をどれだけとるべきか、という検討を行う際に実施されるものである。

　②においては、「再建・破綻処理計画（RRP：Recovery and Resolution Plan）」の作成の際に、ストレステストが活用される。RRPの作成はG-SIFIsが対象となっている[30]。金融機関サイドで再建計画を作成することになるが、「自社が経営危機に陥ったケース」を前提としているもので、「リバースストレステスト」（後述）の位置づけに近いテストということができる。これは規制対応の位置づけでもあるため、総合企画部門や財務企画部門も関係部門になるであろう。

　最後に、③事業計画の作成である。収益を極大化するために、どのリスクをどの程度とっていくのか、というリスクアペタイトの考え方そのものであり、3メガバンクを中心とした大手金融機関では、事業計画作成の際にもス

---

[30] 第1章第2節5(6)参照。

トレステストによってその事業計画に潜在的な大きなリスクがないかどうか検証することを始めている。ここまでくると、営業部門（ビジネス部門）も対象となり、まさに全社をあげてストレステストを行うことになる。

　一方、この3種類のストレステストをすべて別々に行うとなると、ストレスシナリオが何本もできてしまうことになり、金融機関の経営層は混乱してしまう。活用目的は明確にしながらも、できるだけ有機的に統合しながら、整合的なシナリオを作成することも重要な検討事項になる。

(3)　ストレステストの手法

　ストレステストにはさまざまな手法が存在するが、図表2-22のとおり、大きく「感応度（センシティビティ）ストレステスト」「シナリオストレステスト」「リバースストレステスト」の3種類に分類することができる。

a　感応度（センシティビティ）ストレステスト

　ストレスに対するポートフォリオの影響を継続的に計測し、ポートフォリ

図表2-22　ストレステストの類型

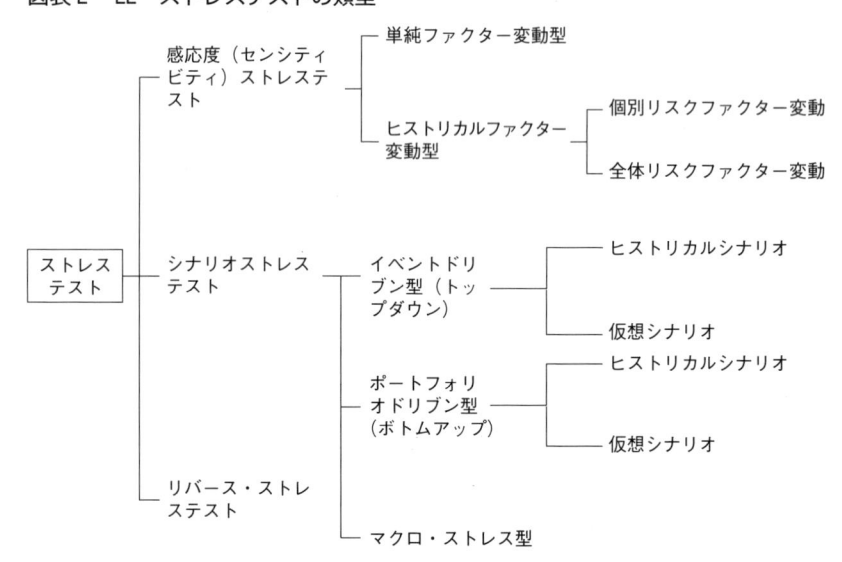

```
                         ┌─ 単純ファクター変動型
           ┌─ 感応度（センシ─┤
           │   ティビティ）    │                    ┌─ 個別リスクファクター変動
           │   ストレステスト └─ ヒストリカルファクター ─┤
           │                     変動型              └─ 全体リスクファクター変動
           │
           │                   ┌─ イベントドリ  ┌─ ヒストリカルシナリオ
ストレス ──┤─ シナリオストレス ─┤   ブン型（トッ ─┤
テスト     │   テスト           │   プダウン）    └─ 仮想シナリオ
           │                   │
           │                   │   ポートフォリ  ┌─ ヒストリカルシナリオ
           │                   ├─ オドリブン型 ─┤
           │                   │  （ボトムアップ）└─ 仮想シナリオ
           │                   │
           │                   └─ マクロ・ストレス型
           │
           └─ リバース・ストレ
              ステスト
```

オのストレス耐性状況を時系列として把握・分析を行うことを目的とするものである。特定のリスク要因を大きく変動させたときのポートフォリオの価値の変化をとらえる方法であり、金利を一律に1％上昇させるなど、単純なストレス状態を想定する場合が多い。またリスク要因間の相関は考慮されない。

[例] ストレスの与え方
① 金利イールドカーブを上方100bp パラレルシフトさせる。
② 為替レートを一律20％円安（円高）方向にシフトさせる。
③ 株価インデックス（TOPIX等）を一律20％下落させる。
④ 市場ボラティリティを一律20％上昇（低下）させる。

これらの例のように、特定のリスク要因について、一定のストレスを自動的に与えるものであり、現時点での市場環境や経済環境と、ストレスの与え方については、直接的な因果関係はないことに注意する必要がある[31]。

b シナリオストレステスト

実際に起こりうる市場環境を想定して、多くのリスク要因（金利、為替、株価など）がそれぞれ関連しあいながらどのように動くのか、シナリオを作成してポートフォリオの価値変化を把握する方法である。感応度（センシティビティ）ストレステストが単純化されたテストであるのに対して、ここではある程度の蓋然性をもったシナリオを想定する。実務的には、「ヒストリカルシナリオ」と「仮想シナリオ」の2種類が想定される場合が多い。

(ⅰ) ヒストリカルシナリオ

過去に実際に起こった市場の変化をもとにシナリオを設定する。よく採用される過去のイベントとしては、以下のようなものがあげられる。

[例] 過去のイベント

---

[31] 2007年4月より施行されているバーゼル規制第2の柱「アウトライヤー基準」は、金利のイールドカーブの上下200bp 平行移動（あるいは、過去5年間の1％点と99％点のイールドカーブ変化）によるポートフォリオの価値変化を計測することを求めているが、この「感応度（センシティビティ）ストレステスト」の位置づけといえるものである。

① ブラックマンデー時（1987年10月）の株価急落
② 資金運用部ショック時（1998年12月）の国債利回りの急上昇
③ リーマンショック（2008年9月）以降の株価下落、信用スプレッドの拡大
④ 欧州債務問題（2012年）時のソブリンの信用力低下

　これ以外にもさまざまな過去のイベントが採用されているが、留意すべき点は、同じイベントであってもストレスの与え方は金融機関によって異なる場合があるということである。たとえば上記①のブラックマンデー時のTOPIXの下落は、1日当りの変化は▲14.6％（2101.17ポイント→1793.90ポイント）であるが、1カ月（20日）当りの変化は▲11.1％（2101.17ポイント→1867.02ポイント）となり、変化の観測期間によって変化率は当然変わってくる。つまり金融機関（あるいはストレステストの担当者）によって、ストレスの与え方も異なるのである。

(ii) 仮想シナリオ

　過去には起こっていなくても、現在の市場環境や経済環境を考慮して、例外的ではあるが蓋然性のあるシナリオとして設定するものである（"フォワードルッキングなシナリオ"とも呼ばれる）。これは各金融機関の調査部門や市場運用部門のエコノミスト、専門チームなどによって、さまざまな可能性を検討し、シナリオを構築していくものである。ただし、この場合のストレスの与え方（金利変動幅、株価下落率など）については、過去のイベント時におけるストレス状態も考慮し、ある程度納得感のある水準に設定するような運用がされていることが多い。

(iii) マクロ・ストレステスト

　今後、ストレステストは、このマクロ・ストレステストが主流になっていく可能性がある。本来、このマクロ・ストレステストは、各国の金融監督当局や中央銀行が、金融システムの健全性検証のために実施していた。金融監督当局が統一のストレスシナリオを用意し、それを各金融機関に当てはめた場合に、どの程度の損失が発生し、金融システムが脅かされるか、というこ

とを検証するものである。

　しかし、個別金融機関にとっても、金融監督当局が行う手法は非常に参考になり、また「マクロ経済指標を出発点としたストレステスト」はシナリオ作成においても納得感があるため、さまざまなモデル化が進んでいる。詳細は第3章で解説する。

c　リバース・ストレステスト

　昨今注目されている手法の1つに、リバース・ストレステスト[32]がある。これは、以下3ステップによって、自身のポートフォリオの弱点を突くようなストレスシナリオを、逆算的に生成しようとするものである。
① 変動させるリスク要因を特定する（1つあるいは複数）。
② ポートフォリオの損失額、あるいはリスク要因の変動範囲を設定する。
③ 損失が実現するときのリスク要因の変動幅（ストレスシナリオ）を求める。

　たとえば、「自己資本比率が4％を下回って経営危機に陥る」場合の株価下落のストレスシナリオを、逆算的に求めにいくものである。通常のストレステストでは深刻な経営危機に陥る損失額とならない場合など、経営危機に直結するリスク要因の変動幅を認識する手法として使用される。

　この手法は、金融機関が「経営危機に陥る」ケースを出発点とするため、経営危機に陥るとはどのようなケースなのか、またその際の対応方法はどのようにするべきか、ということを、経営者自らが能動的に考えられることが利点といえる。たとえば、上場企業においては経営危機とはいえないまでも、決算発表の際に、当初予想から一定程度以上の乖離[33]がある場合には、「業績予想の修正」を開示することが求められる。経営層にとっては、業績予想の修正は避けたいケースであろう。その"一定程度の乖離"というのを、リバース・ストレステストの基準とする考え方もある。

32　もともとは、イギリスの金融当局が開発したものとされている。
33　営業利益・経常利益・当期純利益で30％以上の増減があった場合等。

(4) ストレステストの活用

ストレステストの結果は経営層に報告される。ストレステストの目的（第2節4(2)で前述）や対象となるポートフォリオの特性によって、日次・月次・四半期次等の報告頻度が決められている。

ストレステストは、そのストレス時の損失額の把握だけではなく、アクションプランの策定が重要となる。想定するストレス状態に陥ったときに、すぐに行動がとれるようなアクションプラン、コンティンジェンシー・プランの策定と経営の承認を行う必要がある。

また、ストレステストは経営層が十分に関与することが重要であり、経営層とのコミュニケーションツールとしても重要な役割が期待される。ストレスシナリオは、「例外的」なものを想定するが、そのシナリオを正確に予測することは不可能であろう。「ストレスシナリオの根拠や前提」「アクションプラン」などについて、経営者とのコミュニケーションを活性化させることも目的の1つといえる。さらにストレスシナリオ策定作業に、経営層から少人数でも参加することも有効な方法であろう。経営層も含めた議論が活発になることを通じて、金融機関全体のリスク管理への意識がさらに向上することが期待される。

5　シナリオ分析

シナリオ分析は、複数の市場シナリオ・資金シナリオを想定し、将来の期間損益や経済価値の変動を分析・評価する手法である。前述のストレステストは「ストレス時のシナリオ」を作成する手法であり、このシナリオ分析の一部と位置づけることもできる。

前述の感応度分析やVaR分析は、ある「一時点」のポジションを対象としたリスク評価方法だが、シナリオ分析は「中長期的な観点」での分析手法といえる。

(1) 期間損益・経済価値両面からのシナリオ分析

シナリオ分析は、従来から「期間損益ベース」でのリスク管理に使用されることが多かった。特に、預金・貸出金がポートフォリオの大宗を占める金融機関にとっては、財務会計に直結する資金収支のシミュレーションは、業務計画やALM戦略を策定するのに有効であった。

一方、「経済価値ベース」の観点でも、このシナリオ分析手法が活用される。現時点におけるポジションをベースに市場シナリオを想定して経済価値の変動を把握する方法に加え、将来発生するキャッシュフローを資金シナリオとして想定し、将来時点の経済価値変動も把握することが可能である。詳細は第5章で解説する。

(2) アーニング・アット・リスク（Earning at Risk）

アーニング・アット・リスク（EaR：Earning at Risk）は、将来の一定期間の期間損益がとりうる分布を作成し、期間損益が期待値からどの程度ぶれる可能性があるのかを計測する手法である。主に、金融機関の預金・貸金を中心とした銀行勘定の金利変動リスクを把握するために使用される。

将来の市場金利分布を作成するには、金融工学の分野で開発されている金利期間構造モデル（ターム・ストラクチャー・モデル）が使用される。分布を作成するためのシナリオ数は、1,000〜10,000本程度が一般的である。

作成した金利分布と、あらかじめ作成された資金シナリオを掛けあわせて、期間損益の分布が作成される。詳細は第5章で解説する。

6　預金・貸出金の市場リスク

ここでは、金融機関のバランスシートの大部分を占める預金・貸出金のリスク特性について記述する。簡単に売却することができないこと、財務会計で時価評価されないことが市場性商品と大きく異なる点である。

(1) 流動性預金の価値・リスク評価

金融機関の負債の大宗は預金で占められている。特に普通預金を中心とした流動性預金(満期の定めのない預金)は、金融機関における安定・低利調達源であり、利鞘獲得の源泉ともいえ、その価値・リスクの計測は経営の視点からも重要視されるようになってきた。

流動性預金のなかでも、「長期間・一定量滞留している預金であり、金融機関において長期調達手段と認識する預金」のことを「コア預金」と呼ぶ。定期性預金の継続(ロールオーバー)分もコア預金と位置づける場合もあるが、後述のアウトライヤー基準の導入によって、近年では流動性預金のみを対象とすることが一般的になっている。

a バーゼル規制「第2の柱」のアウトライヤー基準

2007年4月より施行されたバーゼルⅡ「第2の柱」[34]において、早期警戒制度の枠組みを使用して「アウトライヤー基準」の報告が求められるようになった。アウトライヤー基準とは、以下の手順で計算される。

① 現在のイールドカーブに対して、上下に一定の「標準的金利ショック」を与える[35]。

② 上下に動かした2種類のイールドカーブによって、金融機関が保有する銀行勘定の全資産・負債を時価評価し、その経済価値が低下した額を金利リスク量とする。

③ その金利リスク量が自己資本の20%を超えるか否か、を判定する。

20%の基準を超えると金利リスクを大きく取得している「アウトライヤー行」と判断され、金融庁は早期警戒制度の「安全性改善措置」の枠組みのなかで、早期の注意を促していくこととしている。

---

[34] バーゼルⅢでも引き続き「第2の柱」でのモニタリングが継続されている。なお、「銀行勘定の金利リスク」については、バーゼル銀行監督委員会で検討が続けられている。詳細は第1章第2節4を参照。

[35] 上下一律200bpのパラレルシフトか、過去5年間の金利変化の1%点と99%点のどちらかを選択することができる。

このアウトライヤー基準の導入は、監督当局サイドからすれば金融機関が保有する金利リスクのモニタリングが目的であるが、経営の観点からは、以下2点の本質的なポイントがある。第一に銀行勘定の全資産・負債のキャッシュフローの時価評価を行うこと、第二に「コア預金[36]」の概念を明示的に導入したことである。

　金融機関にとって、預金は収益を生み出す源泉である。しかし、預金額の約半分を占める「流動性預金」については、その時価評価のむずかしさ（いつでも引出し・預入れが可能なオプション性や取引機会コストなど）から、リスク特性の把握が遅れているといえる。超低金利時代が長期間にわたって続いていることも、高度化の検討が先送りされてきた理由の1つと考えられる。

　アウトライヤー基準の施行は、単なる監督当局のモニタリング手段というだけではなく、銀行勘定の全資産・負債の時価評価、リスク計測の高度化の観点からも、重要なものといえる。

b　コア預金の推定

　アウトライヤー基準では、コア預金の推定には、当局が提示している「標準方式」と、各金融機関が独自にモデルを構築する「内部モデル方式」のどちらかを選択できる。この2種類の方式をリスク管理の観点から整理すると、図表2-23のようになる。

c　内部モデルの構造

　内部モデルには、さまざまなモデルが提案されているが、以下3つの類型に区分されることが多くなっている[37]。

（i）間接推計型

　日本では、超低金利状態が10年以上も続いており、金利上昇局面における預金残高の推移のデータを取得することはむずかしいのが現状である。よっ

---

[36] 金融庁の監督指針では「明確な金利改定間隔がなく、預金者の要求によって随時払い出されうる預金のうち、実態としては引き出されることなく長期間金融機関に滞留する預金」と定義している。
[37] 「コア預金モデルの特徴と留意点―金利リスク管理そしてALMの高度化に向けて―」（日本銀行金融機構局、2014年3月更新）を参照。

図表2-23 コア預金推定の「標準方式」と「内部モデル方式」

方　式		概　要
標準方式	長所	コア預金残高や満期設定の基準が明示されており、計算が容易である。 ［例］　一般的な金融機関では、コア預金残高は流動性預金残高の50％、満期は最長5年で平均2.5年に設定される。
	短所	全金融機関一律の基準であるため、各金融機関の預金者特性（地域性、競争環境など）を反映させることができない。またリスク把握の精度は低い。
内部モデル方式	長所	各金融機関独自の預金者特性（地域性、競争環境など）を適切に反映させた、実態に即したコア預金推定を行うことができる。これに伴い、負債の実態的なポジションが把握でき、実効的なリスク管理が可能となる。
	短所	確立されたモデルがあるわけではなく、各金融機関ごとにモデルの合理性について検証が必要となる。

て、過去の残高上昇局面（金利低下局面）と残高安定局面（金利安定局面）のデータを利用し、「金利安定局面」を中心として「金利低下局面」と対称的になるように「金利上昇局面」の流動性預金残高の変化率を、間接的に推計しようとする方法である。

(ii)　ヒストリカル推計型

　景気指標などのヒストリカルデータを用いて、金利上昇局面に対応する流動性預金残高の減少率を推計するモデルである。20年以上前は、預金金利は自由化されていなかったが、市場金利が上昇したときに流動性預金残高が減少した局面が存在する。このような過去の流動性預金残高減少局面の減少率を用いて、将来の流動性預金残高の減少率を直接的に推計するモデルである。

(iii)　イールドカーブ参照型

　流動性預金残高の変化率を、金利等の説明変数を用いた回帰式で推計を行

う方法である。説明変数の金利の将来のシナリオについては、現在のイールドカーブの形状から将来の値を確率的に予想したものを用いるケースが多い（Hull-White モデル等の市場金利の期間構造モデル等）。

現状、内部モデルを活用している金融機関は多いが、モデル運用については試行錯誤が続いているようである。今後は、規制対応のみならず、「実際上の満期の推定による金利リスク計測の精緻化」「収益力向上、安定化のための ALM 運営高度化」といった目的でモデル高度化が進むことが期待される。

(2) 定期性預金の継続・中途解約性の把握

定期性預金は契約上の満期が定められた商品であるが、現実的にはその多くが自動継続され、前述の流動性預金に次いで安定的な調達源となっている。また逆に、中途解約を行うことも可能な商品である。よって、定期性預金についても、実質的な満期の推定を行うことが、リスク管理上重要になってくる。

将来の預金残高把握については、流動性預金の場合と基本的には同じ考え方である。特に近年では、取引明細データを活用し、過去の取引実績から継続や中途解約性をモデル化することも可能となってきている。さらに、定期性預金を解約して投資信託を購入するなどの、商品間の資金移動情報も考慮した資金循環モデルの構築を検討・構築する金融機関も出てきている。

(3) 貸出金の期限前返済

期限前返済とは、貸出金が契約上の約定返済スケジュールより早期に返済されることであり、想定している将来のキャッシュフローが得られずに損失が発生することを期限前返済リスクと呼ぶ。

特に住宅ローンについては、貸出期間が長く、債務者がローンの全部または一部を自由に期限前返済できることが一般的であるため、将来キャッシュ

フローの変動による価値低下の影響が大きい。このため、債務者の期限前返済の特性を適切に把握することが重要になってくる。

期限前返済の特性把握には、期限前返済率（CPR：Constant Prepayment Rate）を推計することが一般的である。本邦では、近年のMBS（Mortgage Backed Securities）市場の拡大もあって、この推計モデルの研究が進んでいる。モデルの種類としては、「構造型モデル[38]」「誘導型モデル[39]」の2種類に分類されることが多いが、ここでは一般的に採用されることが多い「誘導型モデル」について記述を行う。

モデル構築においては、「全額返済」か「一部返済」に分けて検討される。この2種類の返済方法は、その特性が大きく異なるためである。また商品特性（特約期間や特約期間後の金利選択方法、手数料など）や、債務者属性（年齢、家族構成、収入、DTI[40]、LTV[41]など）による分類も考慮される。期限前返済の説明変数となる外部要因については、図表2－24のような要因が検討されることが多い。

ここまでは住宅ローンに焦点をあてた期限前返済についてみてきたが、住宅ローンを裏付資産としたMBSにも当然同じリスクが存在する。近年では住宅金融支援機構のMBSの期限前返済率をモデル化したPSJモデル[42]が定着しており、内部モデル構築の際に参照されることが多くなっている。

また事業性貸出についても検討する必要があろう。特に短期運転資金には「継続性」が強い。定期性預金の継続性とあわせて考慮する必要がある。

---

[38] 期限前返済の決定を、オプションの最適行使戦略として明示的に組み込むモデル。
[39] 期限前返済の決定を、マクロ経済変数や債務者属性などの外部要因によって説明されるモデル。
[40] Debt To Income（年間返済額の年収に対する比率）。
[41] Loan To Value（物件の価値に対する負債の割合）。
[42] Prepayment Standard Japanモデル。日本証券業協会がMBSの評価のために2006年に公表したモデルである。

図表2-24　外部要因の主な例

要　因	内　　容
金利変動	たとえば、金利上昇時には変動金利物から固定金利物へ乗り換える傾向が強まり、変動金利物の期限前返済率が高まる。特に住宅ローンの競争激化やネット銀行の台頭などで、金利感応度の高い債務者が増加している。 また、融資実行金利と市場金利との「金利差」に注目する場合もある。
経年効果	融資実行からの年数によって期限前返済状況が変わるといわれる。融資実行直後は債務者の返済意欲が高く期限前返済が進むが、一定期間後は期限前返済率が低下するという傾向が観察されている。
季節性	ボーナス時期には期限前返済が増加する傾向がある。ただし近年の雇用環境の多様化によって、影響は小さくなっているとの指摘もある。
バーンアウト（燃え尽き）効果	返済意欲の高い債務者が期限前返済を積極的に行った結果、返済意欲が低い債務者が残り、期限前返済率は上がらないという傾向がある。

7　モデルリスク

　リスク管理実務では、リスク計量の手段として数多くのモデルが使用される。これらのモデルは、「唯一絶対」なものではなく、モデルによる推定値と実現値が異なることも日常的に起こりうる。
　モデルリスクは、「評価モデルの誤り、ないしその適用方法の誤りから損失が発生するリスク」と定義される。金融商品の価値やリスクを評価するモデルに内在するリスクをきちんと把握しておく必要がある。複雑なデリバティブ商品の評価モデルだけではなく、通常商品に対しても制度・規制変更などでモデル変更を行うことが多く、その際に生じるモデルリスクにも注意する必要がある。

(1) モデルリスクの要素

モデルリスクは、図表2－25のとおり2つの要素に分類することができる。

①は、モデルそのものが不適切であるというリスクである。モデル構造に関しては、その構築および導入時点での十分な検証を行うことによりリスクの軽減が図られる。モデル構築で使用した以外のデータ（アウトサンプル）を使用して、同様の結果が得られるか等の検証が必要である。また、モデルをシステム搭載する際のプログラムミスや、システム運用の誤りなどは、システムリスクの一種として位置づけられる場合もある。モデルを実装するにあたっては、十分なシステムテストや、適切な運用手順書などの整備が必要となる。

②は、適用しているモデルが、実際の市場環境に適合しているかどうかの検証が重要となる。モデルの種類にもよるが、一般的には半年あるいは1年に1回程度、定期的に検証が行われる。これによって、金融技術の発展等によりモデルが陳腐化していないか、あるいは現状の金融環境に合致したパラメータが使用されているか（たとえば、金利上昇局面であるが、パラメータは金利低下局面のものを使用している等）が確認できる。

(2) モデルリスク量の計測

近年では、前述のモデル要素による損失をモデルリスク量として把握する

図表2－25　モデルリスクの要素

リスク要素	リスクの概要
① モデルそのものの誤り	・モデル構造そのものが不正確であるケース ・モデルをシステム化する際の、実装方法が誤っているケース
② モデルの適用方法の誤り	・モデル構造そのものは正しいものを使用しているが、その適用方法が不適切であるケース

ことが行われている。

a　複数モデルによる差異の把握

　自社で採用しているモデル以外に、金融業界で使用されている他モデルも使用してポートフォリオの価値やリスク量（VaR）の差異（あるいは差異の一定割合）をモデルリスク量とする方法である。最近ではこの考え方に基づき、メインで使用するモデルのほかに、サブモデルとして別モデルを並行して使用する金融機関もある。

　ただし、分野によっては計測手法が確立しておらず、まだ多くのモデルが存在していない場合もある（流動性預金の残高推定モデル等）。その場合はリスク量計測もむずかしくなる。

b　複数のパラメータによる差異の把握

　同一のモデルを使用していても、パラメータが異なれば結果も異なってくる。複数のパラメータによるポートフォリオの価値やリスク量（VaR）の差異（あるいは差異の一定割合）をモデルリスク量とする方法である。たとえば、市場VaR計測モデルの場合は、過去市場データの観測期間に「3年」と「5年」の2種類によるパラメータを用意するなどが考えられる。

c　モデルの推定誤差の把握

　モデル構造、使用パラメータが適切であっても、推定値と実績値の差異は必ず発生する。これを推定誤差と呼び、モデルリスク量として認識する方法である。どのモデルに対しても計測が可能であり、比較的わかりやすい手法であるといえよう。

　最近ではなんらかの方法でモデルリスク量を計測し、引当金の計上やプライシングの際のモデルリスク・プレミアムの考慮、また資本配賦の対象にすることを検討する金融機関も出てきている。たとえば、モデルリスク量に一定率（たとえば資本コストなど）を乗じたものを、リスク・プレミアムと考える方法などが検討されている。

8　その他のリスク

(1)　個別リスク

近年では、一般的な市場要因（金利、為替、株価等）だけではなく、その他のリスク要因（信用リスク等）を包含した商品も増加している（証券化商品、仕組商品等）。そのような商品のリスク認識方法として、市場全体の動きで説明できる「一般市場リスク」と、銘柄（発行体）ごとの信用度などを把握する「個別リスク」に分類することが一般的となっている[43]。

たとえば、ある債務者が発行する社債の場合、その発行者固有の信用事象等をきっかけに価格が下落し、損失を被ることがある。こうした損失を「個別リスク」として認識し、「一般市場リスク」とは分けて把握することになる。

　　社債・株式等の市場リスク＝一般市場リスク＋個別リスク

個別リスクは図表2-26のように、大きく2種類に分類される。

図表2-26　個別リスクの種類

リスク種類	概　　要
イディオシンクラティックリスク（idiosyncratic risk）	季節要因など、個別の債券・株式がもつ特性や、市場での需給等による日常的な価格変動リスク
イベントリスク・デフォルトリスク	信用度の大幅な低下（倒産も含む）など、例外的な事象が起こるリスク

---

[43] 自己資本比率規制では、トレーディング勘定においてマーケット・リスク相当額を計測する場合、一般市場リスクと個別リスクの両方を計測することが求められている。計測方法には「標準的方式」「内部モデル方式」の2種類がある。

イディオシンクラティックリスクは、債券・株式の個別銘柄の価格変動から、一般市場リスク分を差し引いた変動部分と位置づけることが多い。よって、通常のリスク管理業務で行われる統計手法によってリスク計量モデルの構築は可能である。

一方、イベントリスク・デフォルトリスクは、信用リスクの管理手法で計測される場合が多い。この場合は、計測方法や使用データについて、信用リスク管理との整合性を確保する必要がある。

なお、2007年のサブプライム問題、08年のリーマンショックを発端とした世界的な金融危機のなかで、特に証券化商品をはじめとする信用リスクを包含する商品の市場リスク管理の脆弱性が指摘された。その反省から、バーゼルⅡにおけるトレーディング勘定の取扱いが強化された（バーゼル2.5とも呼ばれる）。ここでは、市場リスクは「一般市場リスク」と「個別リスク」に加えて、「追加的リスク」「包括的リスク」も計測することが求められる。「追加的リスク」は、バーゼルⅡ（当時）の信用リスクと同様に、デフォルトリスクおよび格付遷移リスクを対象にVaR（保有期間1年以上、信頼区間99.9％）を計測する必要がある。また「包括的リスク」では、それに加えて信用スプレッド・リスク、ベーシスリスク[44]等を含めた包括的リスクの計測が求められる。

(2) 仕組商品のリスク

仕組商品とは、通常の金融商品（債券、貸出、預金等）にデリバティブ（スワップやオプション、CDSなど）を組み込んで、顧客や投資家のニーズに対応するべく組成された複合商品のことである。代表的な商品とは、図表2-27のとおりである。

仕組商品は、1つの商品のなかにさまざまなリスク要因が内包されている。たとえばマルチコーラブル債券は、金利水準によって満期より前に期限

---

[44] ベーシスリスクについては第2節8(5)で詳述している。

図表 2 －27　代表的な仕組商品（例）

リスク種類	概　　要
仕組債券	マルチコーラブル債券 リバース・フローター債券 パワー・リバース・デュアル・カレンシー債券 株価リンク債券 クレジットリンク債券　等
仕組ローン	コーラブルローン リバース・フローターローン クレジットリンクローン　等
仕組預金	コーラブル預金 エクステンダブル預金　等

前償還が行われる可能性があるが、これは金利オプションのリスクが存在している。またパワー・リバース・デュアル・カレンシー債券は元本が円でクーポンは外貨金利にレバレッジをかけたものである。このため、円金利だけでなく、外貨金利や為替レートのリスク要因も混在した商品といえる。

　仕組商品のリスク管理は、その商品がどのようなスキームで組成されているのか、一つひとつ分解することから始める。そして、その一つひとつがどのリスク要因をもつのか網羅的に把握し、そのリスク要因ごとの感応度を計測し、モニタリングを行う。多くの仕組商品はオプション性を保有するために、市場変動に対して非線形的に価格変化する場合が多い。このため、通常の感応度分析や VaR 計測だけではなく、シナリオ分析やストレステストもあわせて行い、リスクの所在を明らかにしておく必要がある。

　仕組商品は高い利回りなど、表面上、魅力的にみえる商品が多い。しかし、そのリスク特性を十分に把握せずに保有していると、市場の大きな変化や信用度の悪化などで、大きな損失を被ることがある。購入の際には、リスク管理委員会などで商品の仕組みを詳細に検討し、リスク特性を経営層まで十分理解し、リスクのモニタリング、マネジメントが可能だと判断された場

合のみ保有するという態勢を整備することが重要である。

　また、仕組商品の一種としてリパッケージ商品がある。たとえば、リパッケージ債券とは、既発債券などの有価証券等を担保として、その有価証券等のキャッシュフローを組み替えて新たに組成された債券のことである。キャッシュフローの組替えにおいては、投資家の多様なニーズ（キャッシュフロー、期間、金利、通貨、償還方法等）に対応するため、金利スワップ、通貨スワップ等のデリバティブが活用される。また、担保となる有価証券等を特別目的会社（SPC）に移し、それを裏付けとして新たに債券が発行されるスキームが一般的である。

　仕組商品、リパッケージ商品については、第3章でも解説を行う。

(3) 代替投資のリスク

　代替投資とは、伝統的な債券や株式の投資にかわる投資全般のことであるが、一般的にはヘッジファンドへの投資を指す場合が多い。ヘッジファンドとは、デリバティブなど多様な金融商品を駆使して、積極的な投資を私募形式で行う投資会社である。株価指数等をベンチマークとすることが多い公募形式の投資信託とは違い、絶対的な収益追求を行うことが特徴である。このようなヘッジファンドへの投資の際には、ファンドの内容について定性面・定量面から詳細かつ多角的に調査分析する手続をとることが重要となる。こ

図表2-28　デューデリジェンスの項目例[45]

定性面	・運用者やファンドの情報 ・投資哲学、戦略 ・リスク管理、内部管理態勢　等
定量面	・過去の投資成績 ・リスク許容度　等

---

[45] 業界団体AIMA（Alternative Investment Management Association）のWebサイト参照。

れを「デューデリジェンス」と呼ぶ。

　定性面においては、ヘッジファンドはファンドマネジャーの運用力が重視されるため、契約上のキーマン条項（主要ファンドマネジャーが辞めた場合にファンドを解約できる権利を記載した条項）も重要なチェックポイントとなっている。また、取引執行を行うブローカーや資産管理を行うカストディアン、時価算定を行うアドミニストレーターなどの確認も必要である。

　一方、定量面では、ファンドの時価総額推移（トラックレコード）やリスク（ボラティリティ）、シャープレシオなどを確認する。

　デューデリジェンス後、実際に投資を行った後は、定期的なモニタリングを行うことになる。他の商品と同様に、VaRに統合的に組み込まれる場合も多いが、ヘッジファンドは個別性が強いため、ファンド単位の管理も必要である。通常はNAV（Net Asset Value：純資産価値）の情報が定期的に提供されるため、その情報とファンドのインデックスや市場動向との相関性を分析することで、当該ファンドの特徴（癖や傾向のようなもの）を把握しておくことも有効である。またVaRに組み込む場合でも、データ数が不足することが多いため（多くは月次でしか情報が提供されない）、特にテール部分についてはなんらかの保守的な手法によって計測を行うことも必要であろう。なお、最近では、利回り向上を目的として投資信託を購入する金融機関が増えている。表面上の価格だけではなく、中身の把握（ルックスルー）が求められるようになってきている。

(4)　ロールオーバーリスク

　ロールオーバーとは、現在の金融取引の満期（期限）が到来した後も、同様の取引を継続することをいう。たとえばヘッジのために行っている先物取引の限月の乗換えや、借入資金の継続などがある。ロールオーバー時点の市場環境や需給関係によって、予想外の金利や価格で取引を継続することになり、損失を被ることをロールオーバーリスクと呼ぶ。また、資金の借換えに関しては、金利だけではなく借入期間の短縮などもリスク要因の1つとな

る。

　ロールオーバーリスクの把握は簡単ではない。通常、ロールオーバーは同一日付で行われるため、発生した損失がロールオーバー取引で生じたものか、通常取引で生じたものかの区別がむずかしい場合も多い。ロールオーバーリスクを明確に把握するためには、取引ごとの明細データに取引目的のフラグを付与するなどの対応が必要となる。

　ロールオーバーリスクの軽減策としては、以下のようなものがあげられる。

① 　借換えや乗換えの期間を長くし（借入期間や先物限月の長期化）、ロール機会を減少させる。
② 　特に市場取引の場合はロール時の取引回数を分散化して1回当りの取引量を少なくし、市場へのインパクトを減少させてコストを抑える。

　自身のポートフォリオのなかで、ロールオーバー性をもつ商品を洗い出し、その特性を把握しておくことが、予期せぬロールオーバーリスクの顕在化を防ぐ手段となる。

(5) ベーシスリスク

　関連している複数の市場価格の動きが異なることによって損失を被ることを、ベーシスリスクという。関連している商品（たとえば国債現物と国債先物等）を売りサイド、買いサイド両方で保有している場合は、双方の価格変動が完全に一致しないことによって、損失が発生する可能性がある。その他にも、「市場金利」と「短期プライムレート」、「円Libor」と「円Tibor」などのように、金利、為替、株式、デリバティブ、コモディティ商品まで含めて、ベーシスリスクは幅広く存在する。

　ベーシスリスクは以下のように大きく2種類に分類することができる。

a　関連しているが異なる市場価格の差による要因

　市場金利（Libor）と指標金利（短期プライムレート、預金金利など）の関係が代表例である。リスク計測では市場金利の変動をベースにすることが多い

が、市場金利と指標金利はある程度連動して動くものの、まったく同一には動かない。よって、預金・貸出金には、市場金利と指標金利の差異によるベーシスリスクが内包され、別途把握する必要がある[46]。

また、国債現物の購入とスワップの固定払いを組み合わせたポジションも多くみられるが、ここにも国債利回りとスワップ金利の市場価格差であるベーシスリスクが内在している。

b 現物価格と先物価格の差による要因

多くの金融商品で先物市場が存在している。しかし、現物と先物の価格変動はまったく同じではない。たとえば国債現物を国債先物でヘッジしている場合でも、現物と先物の価格変動が異なることによるベーシスリスクが存在する。短期金利と金利先物についても同じことがいえる。先物でヘッジをするということは、現物の価格変動リスクをベーシスリスクに変換することと言い換えることもできる。債券や金利だけでなく、為替や株式、コモディティ等についても同様である。

ベーシスリスクのコントロールでは、対象となる複数（市場リスクと指標金利、現物価格と先物価格等）のスプレッドを管理する方法や、双方の相関性（回帰分析などで検証する）を考慮した掛け目を置く方法などが行われている。特に、現物を先物でヘッジしている場合では、ベーシスの拡大・縮小の変動をモニタリングすることにより、現物と先物の相関性を考慮した最適なヘッジ比率を定期的に見直す必要がある。

(6) インプライド・ボラティリティ・リスク

市場のインプライド・ボラティリティの動きによって、ポートフォリオの価値が変動して損失を被るリスクを、インプライド・ボラティリティ・リスクと呼ぶ。特にオプション取引の価値は、このインプライド・ボラティリ

---

[46] もっとも、市場金利と指標金利の差異によるベーシスは、間接金融機関にとっては、自身がコントロール（プライシング）できる最大の収益源という見方もできる。

ティの影響は大きい。たとえば円金利のコールオプションを保有している場合、円金利市場のインプライド・ボラティリティが下落すると保有するオプションの価値も減少し、損失が生じる。オプション価値のインプライド・ボラティリティに対する感応度は「ベガ」と呼ばれ、インプライド・ボラティリティ・リスクはベガ・リスクと呼ばれることもある。

インプライド・ボラティリティ・リスクのコントロールは、逆向きのインプライド・ボラティリティ・リスクで相殺することによって可能となる。ただし、インプライド・ボラティリティには期間構造特性や、行使価格による構造（スマイル特性、スキュー特性など）など、複雑な性質がある。インプライド・ボラティリティ・リスクのヘッジやコントロールは慎重に行う必要がある。

図表2－29はボラティリティ構造の一例である。ATM（アット・ザ・マネー）付近のインプライド・ボラティリティは低く、その他は高くなる性質をもち、人が笑ったかたちにみえることからスマイル特性と呼ばれる。

また、インプライド・ボラティリティはオプション満期に近づくにつれて徐々に低下していくが、大きな市場変化が起こった場合は急騰し、しばらく

図表2－29　インプライド・ボラティリティの構造例（スマイル特性）

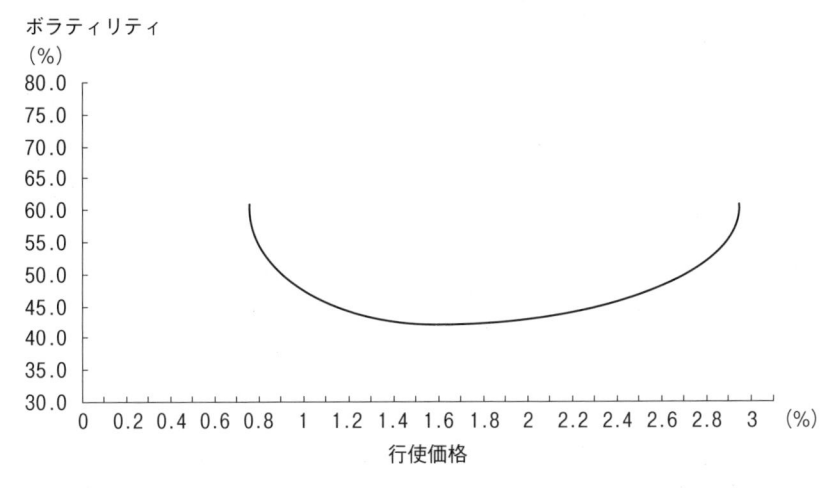

高止まりする傾向もある。

　なお、インプライド・ボラティリティはオプション取引のみに存在するものではない。CMS（コンスタント・マチュリティ・スワップ）型の商品などにも同様のリスクが内包される場合がある。

　オプション取引では、第2節2(4)で述べたとおり、インプライド・ボラティリティ・リスク以外にもガンマ（価値の非線形性を表すもの）やセータ（時間経過による価値減少を表すもの）がある。特にガンマに関しては原資産価格の大きな変化によって、大きな損失を被る可能性があるので注意が必要となる。一定以上の価格変化が起こることを想定したストレスシナリオ等を使用して、潜在的に抱えるリスクを把握しておくことが重要である。

(7)　コモディティリスク

　コモディティとは、貴金属や鉱産物などのうち、取引のために標準化されて取引所等で取引が行われる商品のことを指すのが一般的である。代表的な例としては、銅、アルミ、原油、天然ガス、大豆、とうもろこし等があげられる。これらは取引銘柄や取引単位が標準化され、商品先物取引の対象として取引所に上場されている。これらコモディティの価格の変化によって、損失を被るリスクをコモディティリスクという。

　コモディティリスクの管理手法は、他の市場リスクと同様である。特に取引所で価格がつくという観点では、株価リスクと同様な扱いをすることが多いようである。ただ、コモディティ特有のリスクも存在する。特に需給状況は、他の金融商品よりも大きく影響を受ける。その他にも、天候や災害、季節要因や地政学的な状況など、需給に影響する要因は多様である。場合によっては非常に大きな値動きとなり、投機的となる可能性もあるため、リスク管理は十分に注意する必要がある。

　また、先物だけではなく、コモディティを原資産としたコモディティ・スワップやコモディティ・オプションの取引も行われている。これらについても、他の金融商品と同様のリスク管理手法が用いられる。

第 3 章

市場リスク評価の発展的手法

第 1 節

デリバティブ関連

1 デリバティブ取引の環境・規制動向

　2008年のリーマンショック以降、デリバティブ取引にかかわる環境は大きく変わった。当時、リーマンショックは証券化商品の価格下落が引き金になったといわれた。証券化商品はデリバティブの一種であるCDS（クレジット・デフォルト・スワップ）が活用されていたため、各国当局を中心にデリバティブ取引のリスクを低減し、リスクの高い取引を規制しようという流れが加速した。

　具体的には、G20が2009年に店頭デリバティブ取引に伴うシステミック・リスクを低減するための改革プログラムを開始した。G20の改革プログラムは、以下4つの要素から構成されている（FSB資料より抜粋）。

① 遅くとも2012年末までに、標準化されたすべての店頭デリバティブ契約は、適当な場合には、取引所または電子取引基盤を通じて取引されるべきである。
② 標準化されたすべての店頭デリバティブ取引は、中央清算機関（CCP：Central Counterparty）を通じて決済されるべきである。
③ 店頭デリバティブ契約は、取引情報蓄積機関に報告されるべきである。
④ 中央清算機関を通じて決済されないデリバティブ契約は、より高い所要自己資本賦課の対象とされるべきである。

　基本的に、店頭デリバティブ契約は、中央清算機関で決済されることが意図されている。従来、店頭デリバティブは二者間での契約であり、当事者同士の自由な約束により履行されるのが一般的であった。しかし、その取引相

手方がデフォルトするカウンターパーティ・リスクの顕在化が金融危機の主因とされ、そのリスクを可能な限り低減するために、中央清算機関の活用が世界的に合意されたわけである。ただし、それでも中央清算機関を通さない取引も残存するのは避けられないため、それらの取引には別途規制を加えることにより、できるだけ中央清算への移行を促そうとする枠組みとなった。

以降、その枠組みの中心的なテーマである「中央清算機関」および「証拠金規制」について概要を解説する。

(1) 中央清算機関（CCP）

CCPとは、デリバティブ取引の相対取引の間に入り、カウンターパーティ・リスクを引き受けるものである。

図表3－1のように、従前は中央清算が行われていなかったため、ある取引当事者（D社）がデフォルトすると、デリバティブの買い手であるA社がすべて損失を被る。つまりA社はD社のカウンターパーティ・リスクをすべてとっていることになる。そうなると、A社からデリバティブを買って

図表3－1　デリバティブの中央清算機関の利用

［集中清算されない取引］　　　　　　　　［集中清算される取引］

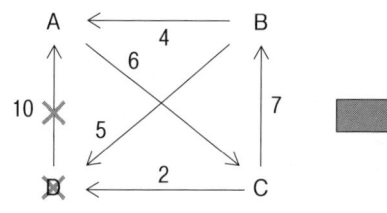

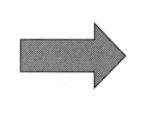

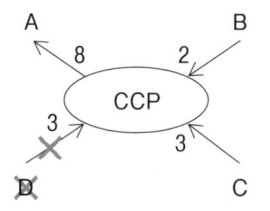

D社（デリバティブの売り手）が破綻した場合、デリバティブの買い手であるA社は受け取れるはずの10をもらえず、損失を被ることになる。

D社が破綻した場合でも、他の取引者（A、B、C）は損失を被ることはなく、取引を継続できる。CCPが受け取れるはずの3をもらえず、損失を被る。

（資料）　金融庁資料より筆者作成。

いるC社にも影響が及ぶ可能性があり、連鎖的にリスクが波及する構造になっているといえる。一方、CCPを利用した中央清算を行うと、それぞれの取引当事者のカウンターパーティはCCPとなり、万一D社がデフォルトしたとしても、他の取引当事者（A社、B社、C社）にその影響が及ぶことはない。つまり、CCPがすべてのカウンターパーティ・リスクを引き受けていることになる。

CCPは、イギリスのLCH. Clearnet Groupが1999年に金利スワップの中央清算業務を開始したのが始まりだといわれている。LCHはその後も中央清算の対象商品を拡大しており、現在各国で設立されているCCPのモデルケースになっている。日本においては、2011年から日本証券クリアリング機構（JSCC）において清算業務が開始され、順次対象商品が拡張されている。

a 清算基金

CCPが清算参加者のカウンターパーティ・リスクを一手に引き受けるわけだが、それではCCP自体が破綻することはないのだろうか。それに対しては、全清算参加者が資金を拠出し「清算基金」をつくり、CCPが破綻しないよう備えることになっている。JSCCでは、各清算参加者が負担する額は、ストレステストによってCCPが被る損失額から各清算参加者が拠出する当初証拠金（後述）を差し引いた超過損失額を、各清算参加者の当初証拠金額で按分したものとなっている。

b 証拠金

清算参加者は、CCPに対して証拠金を差し入れる必要がある。証拠金には、「変動証拠金[1]」と「当初証拠金[2]」の2種類がある。

JSCCが債務を引き受けた時点から決済が完了するまでの間、清算参加者に対するエクスポージャーは市場の変動によって変化する。その変化に対応するため、エクスポージャーの値洗いを日々行い、その変動分を「変動証拠金」として清算参加者との間で授受を行うものである。

1　VM：Variation Margin.
2　IM：Initial Margin.

一方の「当初証拠金」は、清算参加者のデフォルトが発生した際に、変動証拠金によってもカバーできない損失を回避するために、担保としてその預託が求められるものである。JSCC では、過去のストレス時5日間の市場変化を適用した場合に必要となる額を計算し、担保拠出を求めている。

c　損失補償スキーム

　JSCC では、実際に清算参加者のデフォルトが起こった場合は、その損失を補填する順序が図表3－2のとおり決まっている。まずは、破綻した清算参加者による担保で補填することが基本となるが、万一それでも補填が不十分である場合には、JSCC 自身の拠出分、その他の参加者から拠出された清算基金・変動証拠金の勝ち分によって補填されることになっている。

(2)　証拠金規制

　店頭デリバティブ取引は、当事者同士の契約である以上、個別性が強く標準化できない取引も多く存在する。また、標準化された取引であっても、中央清算を行わない取引が残ってしまうのも避けられない。これらへの対応として、2013年9月にバーゼル銀行監督委員会と証券監督者国際機構から、「中央清算されないデリバティブ取引に係る証拠金規制」の最終報告書が公表された。これは、前述の G20改革プログラムの4番目に相当するもので、

図表3－2　損失補償における補填順位

順　位	内　　容
第1順位	破綻清算参加者の担保（当初証拠金＋清算基金）
第2順位	JSCC による補填（20億円）
第3順位	生存している清算参加者の清算基金＋JSCC による補填（20億円）
第4順位	生存している清算参加者による特別清算料（追加的に拠出が求められるもの）
第5順位	変動証拠金等の累計が勝ち方の清算参加者による補填

（資料）　JSCC の公式ホームページより筆者作成。

バーゼルⅢによる高い所要自己資本賦課の要求を補完する位置づけととらえることができる。ただ、バーゼル規制のような国際基準・国内基準という区切りはなく、デリバティブ取引を行うすべての金融機関[3]に適用されることになっている。

ここでの証拠金とは、デリバティブ取引に係る債務について、債務不履行による損失発生リスクに備えるため受け渡す担保のことであり、CCPのケースと同様に「変動証拠金」と「当初証拠金」の2種類がある。「変動証拠金」は、債務発生時点から決済が完了するまでの間、債務の価値の再評価（値洗い）を日々行い、その変動分を変動証拠金として受け渡すものである。「当初証拠金」は、債務不履行発生時に変動証拠金によってカバーできない損失を回避するために、担保としてあらかじめ預託するものとなる。

a　最終報告書における諸原則

この証拠金に関する最終報告書では、8つの重要な要素を扱う主要な原則として以下が示されている。

> 1．中央清算機関によって清算されないすべてのデリバティブ取引について、証拠金に関する適切な実務対応が取られるべきである。
> 2．中央清算されないデリバティブ取引を行うすべての金融機関とシステム上重要な非金融機関（以下「対象主体」）は、当該デリバティブ取引に係るカウンターパーティ・リスクに応じて適切な当初証拠金および変動証拠金を授受しなければならない。
> 3．取引相手から証拠金を徴収する際に、基準として活用される当初証拠金及び変動証拠金の計算方法は、①規制が適用される主体間で整合的であるべきであり、中央清算されないデリバティブ取引のポートフォリオに関する（当初証拠金については）ポテンシャル・フューチャー・エクスポージャー及び（変動証拠金については）カレント・エ

3　システム上重要な非金融機関に対しても適用されることとなっている。

クスポージャーを反映すべきである、②すべてのカウンターパーティ・リスクに係るエクスポージャーが高水準の信頼区分で十分にカバーされるべきである。

4．取引相手が債務不履行となった場合に、中央清算されないデリバティブ取引に係る損失から規制案が適用される証拠金の徴収主体を十分に保護できるだけの対価が得られるよう、当初証拠金及び変動証拠金として徴収した資産が合理的な期間内に流動化可能なものであることを確保するため、それらの担保資産は、高い流動性を持ち、金融ストレス時において適切なヘアカットを考慮した後でも価値が維持されるものでなければならない。

5．当初証拠金は、お互いに徴収する金額を相殺することなく（すなわち、グロス・ベースで）取引関係者が相互に授受を行い、次のことが確保される方法で保持されるべきである。①取引相手の債務不履行時に、証拠金の徴収主体が徴収した証拠金を即時に利用できること、②証拠金の徴収主体が破産した際に、適用される法の下で最大限可能な範囲で、当該証拠金の拠出主体が十分に保護されるような債務整理契約に、徴収された証拠金が服すること。

6．同一グループ内の企業間取引は、各法域の法律及び規制の枠組みと整合的な方法で、適切な証拠金規制に従うべきである。

7．規制の枠組みは、中央清算されないデリバティブ取引に係る証拠金規制が法域を跨いで十分整合的でかつ重複のないものとなるよう協調しなければならない。

8．新しい枠組みに伴う移行コストが適切に管理されるよう、証拠金規制は、適切な期間に亘って段階的に実施されるべきである。証拠金規制が導入され機能した後、規制当局は、当該基準の全般的な有効性を評価し、法域や関係する規制改革を跨いだ調和を確保するため、当該規制に係る基準の協調評価を実施すべきである。

（資料）　中央清算されないデリバティブ取引に係る証拠金規制〈要旨〉（仮訳）

以下、重要と思われる原則について詳細をみていくこととする。まず、原則1にあるように、当該規制の適用範囲は、「中央清算機関によって清算されないすべてのデリバティブ取引」である。したがって、国内基準による緩和等の例外措置はない。

原則2では、規制の対象主体として、金融機関とシステム上重要な非金融機関（事業法人など）が規定されている。取引の両当事者が対象主体である場合にのみ、証拠金規制が適用されることになる。

原則3では、当初証拠金と変動証拠金の算出方法が規定されている。当初証拠金については、取引ポートフォリオに関するポテンシャル・フューチャー・エクスポージャー（PFE）を反映すべきこととされている。ここでのPFEは、片側信頼区間99％を使用し、保有期間を10日以上とした場合の重大な金融ストレス期を含むヒストリカルデータを利用したボラティリティを反映すべきこととされており、内部モデルまたは標準的手法のいずれかによって算出することになる。内部モデルの利用にあたっては、監督当局の承認が必要となる。標準的手法の場合、まず、デリバティブ・ポートフォリオを構成する資産クラスごとに、グロスの想定元本（想定エクスポージャー）に一定の証拠金率を乗じてグロス当初証拠金を算出し、以下の算式により、当初証拠金を計算する。

ネット当初証拠金＝0.4×グロス当初証拠金＋0.6×ネット再構築コスト
　　　　　　÷グロス再構築コスト×グロス当初証拠金

変動証拠金については、カレント・エクスポージャーを反映することになっている。金融庁によれば、「カレント・エクスポージャーを技術的に定義すると、相手方の債務不履行で失われる取引または取引ポートフォリオの市場価値（もしくは再構築コスト）となる。なお、市場価値が負の場合はゼロとなる。また、取引ポートフォリオの市場価値はネッティングが有効な範囲内ではネットで算出される」とされている。

原則 4 では、担保として利用できる資産が規定されている。例として、現金、高品質の国債・中銀債、高品質の社債、高品質のカバード・ボンド、主要指数の構成銘柄である株式、ゴールドなどを、適切なヘアカット後に用いるとされている。

b 国内証拠金規制対応の留意点

この規制内容は、本邦金融機関の業務へのインパクトは小さくないと考えられる。しかし、2013年9月に最終報告書が公表されてしばらくは、特に中小・地域金融機関においてはあまり検討・対応が進んでいないようにもみえた。そのようななか、14年7月に金融庁から『「金融商品取引業等に関する内閣府令の一部を改正する内閣府令」等（案）の公表および「主要行等向けの総合的な監督指針」等の一部改正（案）の公表について』として、証拠金規制案が公表された。これは、バーゼル銀行監督委員会の最終報告書を、日本の法律等に落とし込むものと位置づけられる。ポイントとして、以下があげられる[4]。

① 変動証拠金は、デリバティブの想定元本が3,000億円以上の金融機関が対象となる（ただし、段階措置によって2016年9月開始時点は420兆円以上）。
② 当初証拠金は、デリバティブの想定元本が1兆1,000億円以上の金融機関が対象となる（ただし段階措置によって2015年12月開始時点は420兆円以上）。
③ 本規制は2016年9月1日から開始する。

まず①については、本邦の金融機関ではいわゆる主要行、および上位の地域銀行あたりまでが対象となる可能性がある。

②における当初証拠金の計算方法には、「標準的手法」と「内部モデル」の2種類があり、内部モデルを採用する場合は事前に金融庁に届ける必要がある。金融庁によれば、内部モデルによる証拠金の必要額は標準的手法の約10分の1以下となる試算もあり、メガバンク等は内部モデルの検討を進めているようである。

---

[4] なお、当初は2015年12月が開始予定であったが、15年3月にバーゼル銀行監督委員会と証券監督者国際機構から16年9月に延期することが公表された。

最後の③をみると、規制開始まで約1年となっている（2015年7月時点）。金融庁の「規制の事前評価書」においても、「我が国も早期に対応する必要がある」と記載されており、規制遵守に危機感をもっていることがうかがえる。

なお、金融庁からは同時に監督指針の改定案も公表されている。そのなかで、「当該措置を講ずることが同府令において求められていない中小・地域金融機関を含め、金融機関等を相手方とする非清算店頭デリバティブ取引について、バーゼル銀行監督委員会及び証券監督者国際機構における合意を踏まえ、以下の点に留意し、変動証拠金の適切な管理に係る体制整備に努めているか。①取引相手方との変動証拠金に係る適切な契約書（例えば、ISDA[5]マスターアグリーメント及びCSA[6]契約）の締結、②取引の規模、リスク特性等を勘案した十分な頻度での定期的な変動証拠金の授受及びアドホックコール（証拠金の随時請求）に対応した変動証拠の授受」と記載されており、規制の対象外となる金融機関についても、監督指針上は変動証拠金の管理高度化を求めていることがわかる。以上、遵守すべき規制・監督指針を整理すると、図表3－3のとおりとなる。

図表3－3　遵守すべき規制・監督指針

証拠金の種類	遵守すべき規制・監督指針	想定元本		
		3,000億円未満	3,000億円以上	1兆1,000億円以上
変動証拠金	監督指針	○	○	○
	証拠金規制（金融商品取引法）	×	○	○
当初証拠金		×	×	○

5　International Swaps and Derivatives Association（国際スワップ・デリバティブ協会）。
6　Credit Support Annex。デリバティブ取引に伴う担保契約。

c 証拠金規制導入による市場・業務の変化

この規制は、金融市場および本邦金融機関の業務に大きな影響を与える可能性がある。まず、市場の構造変化として、以下の可能性があげられる。

① 店頭デリバティブ取引は、基本的に担保が必要になることから、担保資産の調達コストが上昇する。
② 大量の店頭デリバティブを行うためには、証拠金担保となる流動性資産の安定的な調達能力が求められる。
③ 店頭デリバティブの主要なリスクが、信用リスク（カウンターパーティ・リスク）から市場リスク（証拠金担保の時価変動）に移る。

また、金融機関の業務については、以下の変化が起こる可能性がある。

① 担保契約業務（ISDAのCSA契約等）、担保管理業務のボリュームが大幅に増加する。
② リコンサイル[7]、ディスピュート[8]の複雑化・短期化が進む。
③ 担保管理業務の業務、証拠金額を抑えるため、コンプレッション[9]・ネッティングを最適化するよう1つの拠点に取引執行を集中する金融機関が多くなる。

また、ドキュメンテーション、証拠金計算モデルのメンテナンス、リコンサイル業務など、すべてに通じている人材は少ないと思われる。今後はこの分野の人材育成が課題となる可能性が高い。さらに、地域金融機関等では、自前での対応コストを考慮し、アウトソースを検討するところも出てこよう。

2　デリバティブ組込型商品

デリバティブ組込型商品の代表例としては、「仕組ローン」「仕組債券」が

---

[7] デリバティブの取引当事者間での取引内容の確認を行うこと。
[8] デリバティブの取引当事者間において、担保金額の評価の相違が起こること。
[9] 既存のデリバティブ取引について、取引当事者間でオフセットできる取引を一斉にキャンセルし、取引量を圧縮すること。

あげられる。これらは、商品としては新しいものではなく、通常の貸出、債券の利回り向上のために従前から開発・商品化されてきたものである。金融機関においては、過去に購入したものでその満期が残っている場合もみられる。また、低金利環境が続くなかで、収益性向上のために新たに取り組むところも多い。

仕組ローンも仕組債券も、デリバティブを活用して利回りを向上させるという点では、スキーム自体は基本的に同じである。ここでは、近年、特に地域金融機関で取組みが増えている仕組ローンを中心に概要を説明する。

(1) 仕組ローンの概要

仕組ローンの定義は、特に定まったものはないと思われるが、一般的にはローン金利に仕組みがついたもの、たとえば変動金利の場合、その変動金利が「3.0％－LIBOR」となっているようなものを指す。この貸出からはLIBOR金利が低いまま（たとえば0.3％であった場合）では、3.0％－0.3％＝2.7％という高金利を受け取ることができる。ただし、逆にLIBOR金利が上昇した場合（たとえば、2.5％）には、3.0％－2.5％＝0.5％の金利となる。この金利式は、リバースフローターと呼ばれるものである。実際に近年の低金利局面において、この仕組みは中長期の満期であれば、おそらくほとんどの場合で変動金利「LIBOR＋スプレッド」を受け取るよりも有利な金利を得ることができていたと思われる。

仕組ローンの優位な点は、この金利部分を自由に設計できることであり、貸出側の好むキャッシュフローでローンが出せるということである。たとえば、前述のリバースフローターでは金利がステップアップするように仕組みをつくることもできる[10]。ほかにも、日経平均株価に連動した金利式や為替に連動した金利式などもよくみられる[11]。

---

10 ［例］1年目：固定金利2.5％、2年目：2.7％－LIBOR、3年目：2.9％－LIBOR、4年目：3.1％－LIBOR、5年目：3.3％－LIBOR など。
11 例：「日経平均株価が16,000円以上ならば3.0％、16,000円を下回ると0.1％」や「米ドル／円が120円以上ならば3.0％、120円を下回ると0.1％」など。

しかし、低金利環境の長期化によって、デリバティブを組み込んでも、高利回りをつくりあげることがむずかしくなってきたのも事実である。そこで近年では、ある参照銘柄の信用リスクをとることで金利を引き上げるクレジット・リンク型が、再び脚光を浴びてきているようである（リーマンショック直後は下火になっていた）。クレジット・リンク型のなかでも、複数銘柄の信用リスクをとることを許容し、さらに金利の引上げをねらったFTD（ファースト・トゥ・デフォルト）型も一時期はみられたが、最近では減少しているもようである。

以下では、参照組織を1つに限ったクレジット・リンク・ローンを例に、その仕組みの概要を解説する。

(2) クレジット・リンク・ローン

クレジット・リンク・ローンは、信用リスクとして参照する組織（たとえばトヨタ自動車など）を事前に決めるものである。貸出先は外国籍特別目的会社（SPC）の東京支店になることが多い[12]。この場合、参照組織がデフォルトすると貸出の元本が毀損することになる。ローンの金利は、参照組織の信用リスクをとった見合い分、「LIBOR＋2.0%」などと高くなる。

図表3－4は、クレジット・リンク・ローンの一般的なスキームを表したものである。金融機関からの融資金は、担保債券（日本国債など）の購入に充てられ、それと同時にSPCはスワップ・カウンターパーティと金利スワップ契約とCDSを締結する。このローンの金利（たとえばLIBOR＋2.0%）は、CDSのプレミアムと担保債券のクーポンに手数料等が考慮されて決まる。このスキームに内在するリスクは、登場する関係者ごとに大きく分けて、①参照組織の信用リスク、②担保債券のリスク、③スワップ・カウンターパーティの信用リスクに分類できる。

①については、CDSにより参照組織の信用リスクをとっているので、参

---

12 信託銀行相手や商業銀行相手の場合もある。

図表3－4　シングルネームのクレジット・リンク・ローンの例

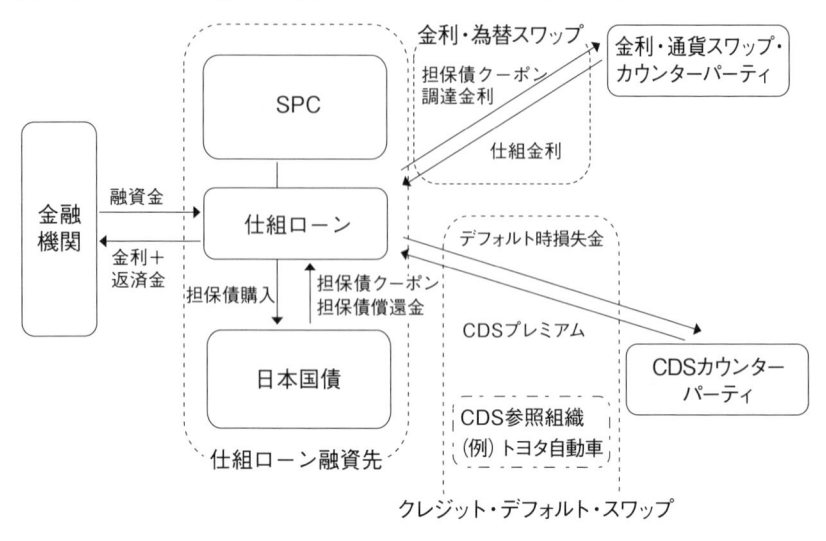

```
                          金利・為替スワップ    ┌─────────────┐
            ┌────────┐    担保債クーポン       │金利・通貨スワップ・│
            │  SPC   │    調達金利           │カウンターパーティ │
            └────┬───┘                      └─────────────┘
                 │          仕組金利
┌────┐ 融資金    ↓
│金融│ ───→ ┌────────┐
│機関│       │仕組ローン│ ←── デフォルト時損失金
└────┘ ←─── └────┬───┘
       金利＋      │
       返済金   担保債購入  担保債クーポン
                 │       担保債償還金        ┌─────────────┐
                 ↓          CDSプレミアム    │CDSカウンター│
            ┌────────┐   ─────────────→    │   パーティ   │
            │日本国債│                      └─────────────┘
            └────────┘   CDS参照組織
                         （例）トヨタ自動車
            仕組ローン融資先
                                クレジット・デフォルト・スワップ
```

照組織がデフォルトした場合にローンは終了し、担保債券の処分金額からスワップ・カウンターパーティに（1－回収率）が支払われ、残金が戻ってくる。②については、担保債券がデフォルトした場合で、担保債券の現物が戻ってくるか、これを処分した額から金利スワップとCDSを市場価値で清算した額が引かれて戻ってくる。担保債券が日本国債の場合は、実質上リスクはゼロと考えることができる。③については、金利スワップとCDSについて、市場価値で清算され、担保債券の現物が戻ってくるか、これを処分した額が戻ってくることになる。

　以上、クレジット・リンク・ローンの一例を取り上げたが、自身が保有する仕組ローンについて、そのスキームについては定期的な検証と、リスクの所在の確認をしておくことが重要である。

(3) 仕組ローン・債券の種類

　仕組ローン、仕組債券は、投資家のニーズにあわせてオーダーメイドで商品設計が可能であるが、一般的には図表3－5のように分類されることが多

い。ここでは、上記で解説したクレジット・リンク型以外の金利系のスキームについて分類を行っている（ローン、債券の双方で、スキームは基本的に同じである）。

図表3－5　仕組商品の一般的な分類

種　類	内容（例）
① リバースフローター型（リバフロ、インバースフローター）	［金利］ ・当初1年：2.20％（固定） ・2年目：2.60％－6カ月円LIBOR ・以降、毎年0.10％ずつ上昇 ・15年目：3.90％－6カ月円LIBOR（半年複利） ・下限金利：0.00％ ［元本］満期一括、ただし期限前償還条件あり ・期限前償還条件（コール条件）：201X年9月30日以降、毎年3月30日、9月30日 ・4～15営業日前通知
② CMSリンク型（ペケポン）	［金利］ ・当初1年：2.00％（固定） ・2年目以降：20年円スワップ金利×110％（半年複利） ・上限金利：5.00％ ・20年スワップ金利は、東京時間15時、ロイターXXページの20年CMSレートを指す。 ［元本］満期一括、ただし期限前償還条件あり ・期限前償還条件（コール条件）：201X年9月30日以降、毎年3月30日、9月30日 ・4～15営業日前通知
③ CMSスプレッド型	［金利］ ・当初1年：2.00％（固定） ・2年目以降：（20年円スワップ金利－2年円スワップ金利）＋2.00％（半年複利） ・上限金利：5.00％ ・20年スワップ金利、2年スワップ金利は、それぞれ東京時間15時、ロイターXXページの20年CMSレート、2年CMSレートを指す。

		［元本］満期一括、ただし期限前償還条件あり ・期限前償還条件（コール条件）：201X年9月30日以降、毎年3月30日、9月30日 ・4～15営業日前通知
④	スノーボール・TRAN型	［金利］ ・当初1年：2.00％（固定） ・2年目以降：前回支払金利＋0.50％－6カ月円LIBOR（半年複利） ［元本］満期一括、ただし期限前償還条件あり ・期限前償還条件（コール条件）：支払累積金利が20％に達した場合 ・4～15営業日前通知
⑤	日経平均リンク型	［金利］ ・当初1年：2.00％（固定） ・2年目以降： 　日経平均≧7,000円の場合　3.00％ 　日経平均＜7,000円の場合　0.10％（半年複利） ［元本］満期一括、ただし期限前償還条件あり ・期限前償還条件（コール条件）：201X年9月30日以降、毎年3月30日、9月30日 ・4～15営業日前通知
⑥	日経平均リンク型（ハイブリッド）	［金利］ ・当初1年：2.00％（固定） ・2年目以降： 　日経平均≧7,000円の場合　20年円金利スワップ－2年円金利スワップ＋1.00％ 　日経平均＜7,000円の場合　0.10％（半年複利） ［元本］満期一括、ただし期限前償還条件あり ・期限前償還条件（コール条件）：201X年9月30日以降、毎年3月30日、9月30日 ・4～15営業日前通知
⑦	為替リンク型	［金利］ ・当初1年：3.00％（固定） ・2年目以降： 　日本円・米ドル為替≧70円の場合　3.00％

		日本円・米ドル為替＜70円の場合　0.10%（半年複利）
［元本］満期一括、ただし期限前償還条件あり
・期限前償還条件（コール条件）：201X年9月30日以降、毎年3月30日、9月30日
・4〜15営業日前通知
⑧	為替リンク（PRDC・TRAN）型	［金利］
・当初1年：3.00%（固定）
・2年目以降：
0.10%＜20%×（FXn／FX0）−10%＜10.00%（半年複利）
FXnは、金利支払時の日本円・米ドル為替レート
FX0は、約定時の日本円・米ドル為替レート
［元本］満期一括、ただし期限前償還条件あり
・期限前償還条件（コール条件）：支払累積金利が20%に達した場合
・4〜15営業日前通知
⑨	ステップアップ型	［金利］
・当初5年：1.50%（固定）
・6年目：1.80%
・以降、毎年0.30%ずつ上昇
・15年目：4.50%（半年複利）
［元本］満期一括、ただし期限前償還条件あり
・期限前償還条件（コール条件）：201X年9月30日以降、毎年3月30日、9月30日
・4〜15営業日前通知
⑩	キャップ付フローター型	［金利］
・当初1年：1.50%（固定）
・2年目以降：6カ月円LIBOR＋1.00%（半年複利）
・上限金利：2年目：2.00%
・以降、毎年0.10%ずつ上昇
・15年目：3.30%
［元本］満期一括、ただし期限前償還条件あり
・期限前償還条件（コール条件）：201X年9月30日以降、毎年3月30日、9月30日
・4〜15営業日前通知

⑪ フリップ・フロップ型	［金利］ ・当初5年：2.00%（固定） ・5年目以降：6カ月円LIBOR＋0.50%（半年複利） ・上限金利：3.00% ［元本］満期一括、ただし期限前償還条件あり ・期限前償還条件（コール条件）：201X年9月30日以降、毎年3月30日、9月30日 ・4〜15営業日前通知

(4) リパッケージ商品

　リパッケージ商品とは、既発債券などの有価証券等を担保として、その有価証券等のキャッシュフローを組み替えて新たに組成された商品のことである。仕組商品の一種ともいえ、主にユーロ市場で多くみられる。キャッシュフローの組替えにおいては、投資家の多様なニーズ（キャッシュフロー、期間、金利、通貨、償還方法等）に対応するため、金利スワップ、通貨スワップ等のデリバティブが活用される。また、担保となる有価証券等を特別目的会社（SPC）に移し、それを裏付けとして新たに債券が発行されるスキームが一般的である。多くの場合、オーダーメイド商品として組成される。たとえば、ドル建て債券の元利金を、通貨スワップを用いて、円建て債券にリパッケージ化したものなどもある。

　既発債券を新規債券に組み替えるものとしては、「社債担保証券（CBO）」があるが、CBOは複数銘柄の担保債券による複数のキャッシュフローを前提に、優先劣後構造をもつのに対し、リパッケージ商品は担保債券のキャッシュフローと新規商品（債券、ローンともに）のキャッシュフローは1対1で対応している点が異なっている。リパッケージ債券を高度化したものがCBOであると考えることもできる。

3　金融危機後のデリバティブ評価

2007年のサブプライム問題、08年のリーマンショック以降、デリバティブ市場では、OIS（Overnight Index Swap）ディスカウンティングや信用評価調整（CVA：Credit Value Adjustment）という用語が多く用いられている。これは、長年にわたって、LIBORを無リスク金利と「仮定」した割引率で評価され続けてきたデリバティブ市場において、その仮定が実は適切ではなかったという事実に起因している。ここでは、こうしたキーワードであるOISディスカウンティングとCVAの概要を整理する。

(1) OISディスカウンティング

まず、誤解を恐れずに金融商品の評価を一言でいえば、「将来時点のキャッシュフローを、適切な割引率で割り引いて現在価値としたもの」となる。そして、その割引率を算出するための基本となる金利が無リスク金利である。教科書などでは、「無リスク金利は1.0%とする」などと与えられるので、それを用いて計算することができる。しかし、実際に金融商品の評価をしようとすると、「何を無リスク金利とするか？」という問題に答えることが、評価の第一歩となる。

従前、国際的に主要な短期金利であるLIBOR[13]を無リスク金利とみなすという実務が長い間行われてきた。これはロンドン市場で銀行同士がお金を貸し借りする場合に、何%だったら貸し出すという金利を表しているものである。たとえば、6カ月円LIBORが1.0%だとすると、A銀行がB銀行

---

[13] 従前、LIBOR決定方式は、「ロンドン銀行間資金取引のうち、銀行が資金を放出する金利のこと。円LIBORの場合には、英国銀行協会（BBA）が、ロンドン時間午前11時に主要パネル15行のレートから最も高い金利4個と最も低い金利4個のレートを省いて、残りの7社のレートを平均して算出」という実務が行われていた。しかし、2013年に起こった、いわゆるLIBOR不正操作問題を受け、現在ではインターコンチネンタル取引所（ICE）が「ICE LIBOR」を公表している（LIBOR改革と呼ばれる）。

に6カ月間、100億円を貸すには、(平均的に) 1.0%の金利を要求するということである。

　この決定方法から考えれば、LIBORは、A銀行からみてB銀行が破綻するリスクを反映した金利であるはずで、実は無リスクな資産に対する金利ではない。しかし、ほかに指標となる金利がないなか、「代替手段としてLIBORを使う」という実務が行われていたと考えられる。

　実際に、金融危機が生じるまでは、この仮定は機能してきたが、危機を発端に、この仮定が総崩れすることとなった。LIBORにはさまざまな満期が存在し、たとえば日本円でLIBORといえば6カ月満期のLIBORを指すのが一般的だが、ほかにも3カ月LIBORや1カ月LIBORなどがある。リーマン危機前後のこれらの金利の推移をみると、それまで経験したことがない水準まで期間別の金利間の差（スプレッド）が拡大した。これは、LIBORは金融機関の信用・流動性リスクを反映した金利であることが、金融危機により再認識されたことが原因といえる。危機時には金融機関の信用・流動性リスクが非常に高まったため、期間が長い6カ月LIBORは、3カ月LIBORよりも高い金利であるべきだし、3カ月LIBORは1カ月LIBORよりも高い金利であるべきという認識が反映されたのである。

　以上を考えると、実は金融機関はわずか1カ月先でも信用・流動性リスクがあるという事実に直面する。突き詰めた結果、無リスク金利として使えるのは、1日満期の金利ではないかという見方から、市場が注目したのが、OIS[14]である。簡単にいえば、1日（O／N：オーバーナイト）の金利であり、危機直後にはOISと6カ月LIBORの差（スプレッド）は、1.0%（100bp）近く拡大した局面もみられた。つまり、金融機関に6カ月間お金を貸すには、1.0%はリスク・プレミアム（超過金利）をもらわないと割にあわないという状況だったわけである。

---

[14] OISとは、一定期間の翌日物レート（複利運用）と、固定金利を交換する金利スワップである。日本円では、無担保コールレート（O／N）の加重平均値を取引対象とする取引が、店頭における相対取引で行われている。

この差異がどの程度インパクトをもつか、簡単に、10年の固定利付債券でクーポン2.0%（年1回払い）の仮想的な債券価格[15]で試算してみる。簡単のため、OISは1.0%、LIBORは2.0%（1.0%+1.0%〈リスク・プレミアム〉）とした。

① 　LIBOR（2.0%）の場合：$100円 = \sum_{i=1}^{10} \frac{2}{(1+2.0\%)^i} + \frac{100}{(1+2.0\%)^{10}}$

② 　OIS（1.0%）の場合：$109.47円 = \sum_{i=1}^{10} \frac{2}{(1+1.0\%)^i} + \frac{100}{(1+1.0\%)^{10}}$

　簡単な計算ではあるが、10円近くの差（＝109.47円−100円）が生じることがわかる（もちろん、金利一定かつすべての年限で1%の差という極端な例となっている）。仮に、この債券を売る側がLIBORディスカウンティング（LIBORで割り引く方法）だったとし、売却直後、OISディスカウンティング（OISで割り引く方法）に切り替えなければならないとすると、109.47円のものを100円で売ってしまったので、9.47円損をしてしまったことになる。金融危機時に問題（金利間のスプレッドの拡大）が顕在化してから、LIBORディスカウンティングが「適切ではなかった」という結論となるのにそれほど時間はかからなかった[16]。

　OISの定義は前述のとおり、無担保コールレート（O/N）を参照するスワップ金利である。無担保コールレート（O/N）というのは、市場において1日の間（オーバーナイト）、現金を調達する際の金利である。日本では、かつての政策金利でもあり、中央銀行が破綻しない限り、100億円の現金は当該金利を生むことになる。つまり、この無担保コールレート（O/N）を

---

[15] わかりやすい例として「債券」としたが、実際の債券では、多くの場合にはすでに発行体の信用リスクを加味した金利で評価されているため、それほど問題にはならないかもしれない。評価損が生じるのは、デリバティブ取引のように顧客からのファンディングが伴わない取引であり、例を「10年スワップの固定払い、変動受け」に読み替えると、おおまかにいって価格差が評価損として現れることになる。

[16] クリアリングハウスの1つであるLCH. Clearnet Groupが、OISディスカウンティングを採用したことも後押ししたといわれている。

参照するOISは、現金に対する金利だと考えることができる。他方、LIBORは先ほど述べたように、金融機関に対しての金利（金融機関の信用リスクをとっている）となる。

(2) 金利スワップの場合

金利スワップは、デリバティブ取引の一種である。一般的なものは、主体Aと主体Bがある一定期間にわたって、固定金利と変動金利を交換する取引である。たとえば、以下のような例を考える。

・想定元本：10億円
・主体Aは主体Bに固定金利5％を支払う
・主体Bは主体Aに変動金利を支払う
・上記は10年間にわたって行う

取引締結時点では、主体Aにとっても主体Bにとっても価値が同じになるように、固定金利の水準が決まる（ここでは5％とした）。しかし、時間が経過するにつれて、変動金利は変化するため、主体Aと主体Bに有利・不利が生じることになる。

たとえば、取引から1年後の変動金利が3％となったとする。この場合、主体Aは10億円の5％である5,000万円を支払い、主体Bは10億円の3％である3,000万円を支払うことになるため、差し引き2,000万円が主体Aから主体Bに支払われる。変動金利はここから変わらないと単純化して考えると、主体Bは、あと9年間、2,000万円を主体Aから受け取れることになる。つまり、主体Bは主体Aに対して1億8,000万円の勝ちポジションをもっていることになる。

これはよく考えると、主体Bは主体Aに対して1億8,000万円の「融資」を行っていることと似ている。主体Bが受け取れるであろう1億8,000万円は、もし主体Aがデフォルトすれば受け取ることができなくなるからである。

金融危機後においては、金融機関が倒産するにつれて、この勝ちポジショ

ンが受け取れなくなるような事例が発生した。これを、カウンターパーティ・リスクと呼び、大きな注目を集めることになった。

(3) 担保付取引

こうしたカウンターパーティ・リスクを軽減するために、担保付取引が増加した。つまり、先ほどの1億8,000万円の勝ちポジションをもつ主体Bは、主体Aに対して、1億8,000万円相当の担保を要求するものである。

理論的には、常に勝ちポジション相当の担保を「現金」でとっておけば、この取引に対するカウンターパーティ・リスクは、現金に対するリスクとなる。したがって、この取引の価値は、先ほどの整理によって、OISディスカウンティングで計測されるべきであり、金融危機後にOISディスカウンティングが注目されている大きな要因となっている。

しかし実際には、担保は現金である必要はない。たとえば、国債など信用リスクが低く、流動性の高い証券も担保として用いられる。実は、担保付取引は新しいものではなく、デリバティブ取引の標準フォーマットである、ISDAマスターアグリーメントに、CSA（クレジット・サポート・アネックス）という担保を扱う付随条項が、従前より存在している。通常は、この付随条項に従って担保がやりとりされることになる。CSAはISDAが作成したテンプレート・ドキュメントであり、主な項目は以下のとおりとなっている（設定例）。

・Eligible Currency：日本円、米ドル、ユーロ
・Threshold：10億円
・Independent Amount：1億円
・Minimum Transfer Amount：100万円
・Valuation Date：週次
・Eligible Credit Support：現金100%、国債95%

この設定例のCSAは、次のことを決めている。担保は現金もしくは国債。通貨は、日本円、米ドル、ユーロ。国債の場合には、掛け目95%を適

図表3－6　ディスカウンティングの種類

ディスカウンティング方法	内　容
LIBORディスカウンティング	金融機関のリスクをとった場合の割引率の計算
OISディスカウンティング	現金のリスクをとった場合の割引率の計算
CSAディスカウンティング	CSAでの担保のリスクをとった場合の割引率の計算

用。Independent Amountとある1億円を、勝ち・負けポジションにかかわらず取引締結時に差し入れる。Threshold（閾値）とある10億円以下の勝ち・負けポジションは担保を要求しない。やりとりする担保の最小単位は100万円。値洗い（担保のやりとり）は週次で行う。つまり、この例では担保を差し入れる側は、必ずしも現金を差し入れる必要はなく、国債を差し入れてもよいということになる。

　国債が担保として差し入れられた場合には、評価はどうなるのだろうか？ 先ほどの例において、主体Aがデフォルトした場合には、主体Bの元には担保として国債が入っていることになる。国債とはいえリスクはあり、勝ちポジションの1億8,000万円は国債のリスクにさらされていることになる。よってこの場合には、国債の金利から計算される割引率によりディスカウントされるべきである。これをCSAディスカウンティングと呼ぶこともある。

　ディスカウンティングについてまとめると、図表3－6のように整理できる。

(4) CVA

　以上でみたように、単なる金利スワップも実は金利リスクだけではなく、その取引相手（カウンターパーティ）の信用リスク（もしくは担保）により価格が変動することがわかる。

　このなかで、OISディスカウンティング、つまり信用リスクがないことを前提とした評価とカウンターパーティの信用リスクを加味した場合の評価の

差は、CVA（Credit Value Adjustment、信用評価調整）と呼ばれる。バーゼルⅢにおいても、CVAの変動リスクに対する所要自己資本計測の枠組みが追加されている。この背景として、金融危機で生じたカウンターパーティ関連損失のうち、3分の2がCVAによるもの（残りは実際のデフォルトによるもの）であったことがあげられており、実際にデリバティブ取引が多い金融機関では、追加的資本に対するコストが増加している例がみられる。

第 2 節

マクロ・ストレステスト

　ストレステストについては、第2章第2節4で解説を行ったが、近年、このマクロ・ストレステストが注目されてきている。マクロ・ストレステストは、もともとは各国の金融監督当局や中央銀行が、金融システムの健全性検証のために実施していたものである。しかし最近では、個別の金融機関でも、単なるバリュー・アット・リスク（VaR）を補完するツールとしてだけではなく、フォワードルッキングなリスク管理手法、経営層とのコミュニケーションツールとして活用され始めている。ここでは、その手法について概要を解説する。

1　マクロ・ストレステストの概要

　マクロ・ストレステストは、マクロ経済指標（GDP、TOPIX等）が変動した際に、金融機関のリスク、収益、流動性がどのように変化するかを検証する手法である。
　図表3－7は、マクロ・ストレステストのイメージを表したものであるが、ポイントは以下の3つのモデルをいかに構築するかということである。
① 　マクロ経済モデル
② 　リスクカテゴリーとの連動モデル
③ 　インパクト計量モデル
　まず①のマクロ経済モデルについては、複数のマクロ経済指標がどのような連関性をもって変動するかを推定する。これには多くのモデル化の手法があるが、有名なモデルとしては、日本銀行が「金融システムレポート」でも

図表3－7　マクロ・ストレステストのイメージ

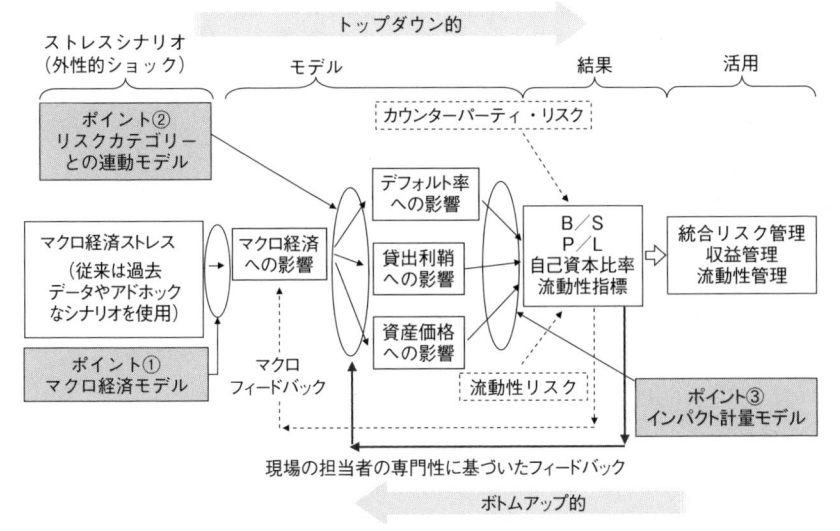

(資料)　バーゼル銀行監督委員会資料より筆者作成。

使用していたVAR（Vector Autoregression：多変量自己回帰）モデルがある（これは、バリュー・アット・リスクとは異なるものであり、注意が必要）。

図表3－8は、VARモデルに5つのマクロ経済指標（実質GDP、TOPIX、実質実効為替、GDPデフレータ、長期貸出約定金利）を取り込んだ例である。どれか1つの指標を変化させると、他の4変数もモデルに従って変動する。たとえば、実質GDPにストレスシナリオ（たとえば、前年比30%下落）を与えると、他の4変数も自動的にストレス時のシナリオが作成されることになる。

次に、②のリスクカテゴリーとの連動モデルでは、①のマクロ経済指標と金融機関で使用しているリスクファクター（業種別PD、金利イールドカーブのグリッド・ポイント、預金金利、貸出基準金利等）の連動性をモデル化するものである。一般的には過去データを使用して、回帰分析によってモデルの係数が推定される。①のマクロ経済指標のストレスシナリオに従って、各リ

第3章　市場リスク評価の発展的手法　123

図表3-8　5つのマクロ経済指標による VAR モデルのイメージ

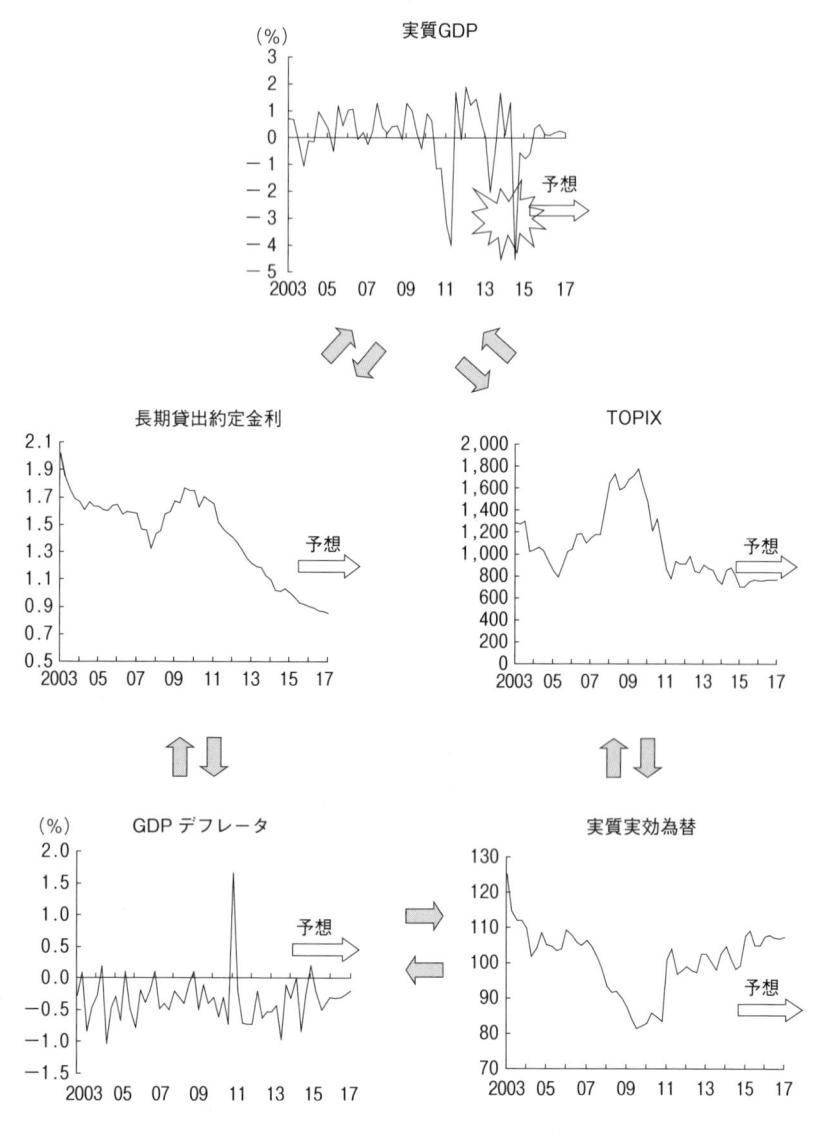

スクファクターのストレスシナリオもここで作成されることになる。

最後に③のインパクト計量モデルにおいては、各リスクファクターの変動が、金融機関のB／S、P／L、自己資本比率等にどのように影響を与えるか計算することになる。このときに重要となるのは、B／S構造がマクロ経済指標の変化に伴いどのように変動するかをとらえることである。たとえば、住宅ローンの期限前返済や、有価証券運用のデュレーション変化などは、P／Lにも大きく影響を及ぼすものである。B／Sは、現状の構造を横ばいにしたままストレステストを実施している金融機関もよく見受けられるが、B／S構造の変化こそが将来のストレス時に最も影響を与える要因であり、マクロ・ストレステストのポイントともいえよう。

2　マクロ・ストレステストのモデル化に関する留意点

ここまで、モデル化の概要について解説を行ったが、そのなかでも特に②のリスクカテゴリーとの連動モデルについては、その納得性について議論になることが多いように思われる。過去のデータに対して回帰分析を行うことが一般的なアプローチであるが、イメージにあわないモデルが結果として出てくることもありうる。たとえば、以下のような事例があげられる。
・GDPが上昇しているのに、建築業種のPDが上昇している。
・CPIが上昇しているのに、小売業種のPDが上昇している。
・短期金利（1カ月Tibor）と長期金利（10年国債利回り）の業種別PDに対する感応度が逆になっている。

上記の建築業の場合は、景気の悪い時には公共投資が増え、逆に企業財務としてはよくなるという傾向があるものと推察される。CPIや金利については、「よい上昇」なのか「悪い上昇」なのか、判断に迷うケースも出てくる。いずれにしても、納得感がなく、経営層へ説明がむずかしいモデルは、そのまま使用することは困難である。関係者・経営層が十分納得できるモデル化に向けて、試行錯誤を繰り返す必要がある分野といえる。

第 3 節

予兆管理

　現在（2015年7月時点）、日本銀行の異次元緩和により、円金利はほぼゼロ金利状態となっている（短期～中期にかけてはマイナス金利も発生している）。金融関係者としては、この異次元緩和がいつまで続くのか、またその出口戦略がどのようになるのかが、大きな関心事となっている。アベノミクスが成功し、物価上昇率も目標どおり達成できたとすれば、市場金利も当然1～2％へ向けて胎動してくることになるであろう。リスク管理の立場からは、その金利上昇の"予兆"をいかにとらえるかが重要になる。最近では、さまざまな金利関連指標、マクロ指標をモニタリングすることによって、金利上昇の「予兆管理」を行う金融機関が増加している[17]。

1　予兆管理の手法

　多くの金融機関において、現在の予兆管理の目的は「長期金利の急騰」の兆しをとらえることとしている。長期金利の急騰は、日本の財政問題の顕在化によって起こると考えるのが一般的となっている。手法は以下のとおり、段階的に行われることが多いようである。

(1)　日本の財政問題顕在化への波及経路の検討

　日本の財政問題顕在化がどのような経路をたどって起こるのか、その波及

---
[17] 2014年5月に明治安田生命保険相互会社が「平成25年度決算（案）説明資料」のなかで、「国債金利上昇の予兆管理を実施し、各種指標の定点観測と事前のリスク対策を通じ、金利急騰時の損失を極小化」すると公表したことが、予兆管理に注目が集まるきっかけとなった。

図表3-9　予兆管理のモニタリング指標（例）

カテゴリー	指標例
日本経済のマクロ指標	・実質 GDP 成長率 ・経常収支 ・消費者物価指数 ・民間貯蓄（家計、金融等） ・日本国の CDS スプレッド
海外の経済指標	・アメリカの自動車販売台数 ・中国 PMI ・原油価格 ・各国の CDS スプレッド
市場関連	・日本国債利回りのボラティリティ ・ヨーロッパ各国の国債利回り ・外国為替レート

経路の検討を行いモデル化する。たとえば、1つの指標として「経常収支」を考える。貿易による資金流出が続き経常赤字が恒常化すると、財政問題が顕在化する可能性がある。その際、経常収支の悪化の背景までさかのぼることも検討したい。たとえば、輸出関連であれば、アメリカの自動車販売台数や中国の景気指数などがあげられる。また輸入関連であれば、原油価格などがあげられよう。これら、国際的なマクロ経済指標から、日本の財政問題への波及経路まで検討しておくことが望まれる。

(2) マクロ経済指標と長期金利の感応度分析

上記の波及経路の検討で特定されたマクロ経済指標について、過去の公表データを使用して長期金利との回帰分析を行う。それにより、どのマクロ経済指標が、より長期金利への感応度が高いか把握することが可能となる。

(1)、(2)によってモニタリングすべきマクロ経済指標（金利関連指標も含む）を特定し、月次程度でモニタリングを行う。その際、アラームポイント等を設定し、それに抵触したら詳細な調査を行う等の運用ルールを明確にしてお

くことが望ましい。

　図表3－9に、一般的にモニタリングされている代表的な指標例をあげる（もちろん、金融機関によってほかにも多様な指標がモニタリングされている）。

2　予兆管理における留意点

　現在、日本の金利は日本銀行のコントロール下にあるといっても過言ではない。アベノミクスが遂行されている間は、日本銀行は、短期金利はもちろん長期金利の急上昇も何があっても抑えようとするであろう。政府の目論見どおり、アベノミクスが成功したとすれば、通常の金利状態へ日本銀行がコントロールしながら戻していくだろう（すでに200兆円を超えている日本銀行の保有国債をどのように処分していくのか、むずかしい綱渡りになると思われるが）。ここでの予兆管理の主眼は、日本銀行がコントロールできない金利の急激な予兆をどのようにとらえるか、である。ただ、日本銀行による国債の吸収力は非常に強く、多少のことでは長期金利の上昇を想定することはできなくなっており、予兆管理の枠組みを構築することもむずかしくなってきている。

　かといって、予兆管理は不要だといっているわけではない。アベノミクスが成功した暁の出口戦略の過程では、当然脚光を浴びる手法となるはずである。また、予兆管理で各マクロ指標をモニタリングすることによって、担当者や経営層の市場動向への感応度が高まるという効果も見逃せないものである。

　なお、本節では「金利上昇」の予兆管理に焦点をあてて記載したが、予兆管理の手法そのものは金利上昇のみを対象とするものではない。当然、金利低下やその他の市場変動に対する予兆的な気づきを得るために重要な手法であり、異次元緩和が終了した後でも継続的に実施すべきものである。

第4章

市場リスク管理の運営態勢

リスク管理は、単にリスクを限度額内に抑えるといった視点だけでとらえるのではなく、金融機関の"企業価値"を安定的に向上させていくための戦略的なプロセスとしてとらえるべきである。近年では、「リスクアペタイト・フレームワーク（RAF）」の構築としても注目されている。本章では、企業価値を高めていくためのリスク管理プロセス、運営サイクルについて解説を行う。

第 1 節

市場リスクのPDCAサイクル

　市場リスク管理の戦略目標は、金融機関全体の戦略目標と整合的であり、また市場リスク管理の運営サイクルも金融機関全体のリスク管理プロセスに整合的に組み込まれるべきである。その観点から、ここでは統合的なリスク管理の論点と重なる部分もあるが、金融機関全体の視点からのリスク管理サイクルをふまえたうえで、市場リスク管理の運営のあり方について考察する。

1　リスク管理の運営サイクルとは

　リスク管理サイクルとは、リスク管理を企業価値の向上に活用していくためのフレームワークであり、リスク管理におけるPDCA（Plan-Do-Check-Act）サイクルといえる。

　リスク管理サイクルにおいては、PDCAのPlan（計画）として、まず現状のリスクを把握することから出発し、経営資源である資本をどのように配分すべきか、という経営戦略・経営計画の立案が行われる。Do（実行）では、各リスクテイク部門が収益を得るべく経営計画に沿ってリスクテイクを行っていくことになる。Check（点検・評価）には、各部門におけるリスクテイクの状況を確認するモニタリングとパフォーマンス評価が含まれ、Act（改善）では、リスク計測手法等の妥当性を確認する検証と見直しを行い、次期に向けた資本の再配賦計画へ発展させていく。

　このようなサイクルを積極的かつ意識的に実践することにより、リスクをもれなく整合的に把握し、その情報をもって経営層による戦略の立案が行わ

図表4-1 リスク管理サイクル

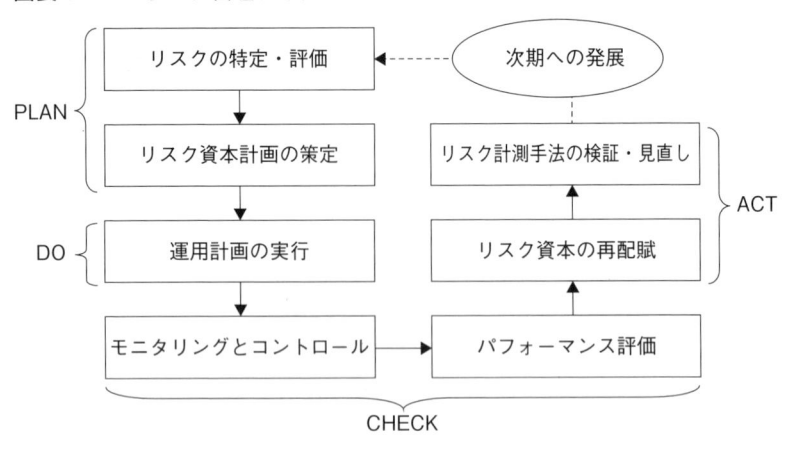

```
         ┌─ リスクの特定・評価 ◄┈┈┈ 次期への発展
PLAN ┤    │
         └─ リスク資本計画の策定     リスク計測手法の検証・見直し ─┐
                                                                    ├ ACT
DO ┤     ┌─ 運用計画の実行          リスク資本の再配賦 ───────────┘
         │
         └─ モニタリングとコントロール → パフォーマンス評価
                        CHECK
```

れ、また設定された戦略・計画が実践に移されることが期待される。

リスク管理サイクルのステップについては、図表4-1にそのイメージを示した。

なお、「金融検査マニュアルに関するよくあるご質問（FAQ）[1]」では、市場リスク管理のプロセスとして、市場リスクを、①特定・評価し、②モニタリングし、③コントロールおよび削減し、④検証・見直しを行うという一連の流れ、としており、金融検査マニュアルでもPDCAサイクルの説明がなされている。ここでは、金融検査マニュアルの4段階のプロセスを発展させて、リスク管理サイクルとして定義した。

以下、各ステップについて基本的な考え方と留意点について説明する。

(1) リスクの把握（リスクの特定・評価）

いうまでもなく、リスク管理の出発点は、金融機関の抱えるリスクを理解し把握することである。リスクの把握に関連して、留意しなければならない

---

1 平成24年4月6日、金融庁検査局。

ポイントを整理する。

a　把握・計測すべきリスク

　リスクは網羅的に把握することが求められるが、これは必ずしもすべてのリスクを1円単位で正確に把握するということではない。リスク管理はあくまで経営管理のためのものであり、経営にインパクトを及ぼしうる重要性の高いリスクを把握することが主たる目的であるので、「主要な」リスクがもれなく網羅的に把握されることに重点を置く。

　リスクの網羅的な把握のためには、リスクを商品とリスクファクターの切り口から分類・整理することが有効である（詳細については第2章を参照）。実務上は、リスク計測が容易なものと困難なものが存在する。またデータの制約等により、計測の精緻さにはバラツキが生じうる。しかし、リスク計測が困難だからといって、放置してよいということではない。少なくとも、現状で計測ができていないリスクにどのようなものがあるかを認識し、経営陣ともその認識を共有することが重要である。また精緻に計測できないまでも、概算でよいので、その規模や方向性についての感覚をつかむことも大切である。

　そのような計測が容易ではないリスクとして、たとえば、顧客行動によって影響を受ける金利リスクなどがある。たとえば、コア預金に係る金利リスクなどは、預金者行動（あるいは他金融機関との競争環境）による残高の変動による部分と預金金利設定と市場金利の差（いわゆる預金金利の市場追随率）による部分が複合的に絡んだリスクであり、精緻かつ合理的な計量は必ずしも容易ではない。

　また、リスク計測に際してさまざまな仮定やパラメータが設定されるが、それらの仮定条件にも不確実性が存在していることを理解して、その潜在的影響度（部門全体あるいは金融機関全体に与える影響度）について認識しておくことが望ましい。そのような要素として、たとえば、リスクファクターのボラティリティや相関などがあり、これらはVaR計測上過去の観測データを基にして一定値として仮定されている場合も多い[2]が、実際の市場にお

いては必ずしも一定とは限らない[3]。そのような要素の不確実性がモデルに織り込まれていない場合には、それを一種のモデルリスクとして考えることもできる。場合によってはその感応度を参考情報として計量しておくなどの対応も考えられる[4]。

b リスク計測手法と前提条件の選択

計測すべきリスクを特定できれば、次にそのリスク量を計測することになる。リスク量を計測する手法や、計測に際して設定する前提条件（パラメータ種類やその設定方法）にはいくつか選択肢があるため、その選択に際しては妥当性を検証するなど注意を払う必要がある。計測手法や前提条件についての詳細は第2章で解説しているので、ここでは選択に際してのいくつかの留意点をあげる。

リスク量計測手法は、どれかが唯一絶対に正しいというものではなく、それぞれに長所・短所があるので、金融機関の規模やリスク特性によって最も適切な方法や前提を決定することになる[5]。その際、いくつかの主要な手法や前提条件の設定について、簡易的な方法でもよいので、どの程度の差異が生じうるのか、またどのような特性があるのかをおおまかに確認しておきたい。

たとえばVaRの計測において、分散共分散法とヒストリカル法でどの程度の差異が生じうるのか、金利の変動に関するパラメータ設定として変化率を使った場合と変化幅を使った場合とでどの程度の差異が生じうるのか、といったことは比較的簡易な検証であればエクセルシートレベルで可能であ

---

[2] 特に分散共分散法によりVaRを算出している場合は、明示的にボラティリティと相関を一定と仮定している。

[3] 経済環境や市場の需給状況によって変化しうる。また市場の混乱時には、平時の想定とは大きく異なる動きになりうることには注意が必要である。

[4] ただし情報量が増えすぎると、意思決定を下す経営層の混乱を招くおそれもあるので注意する必要はある。どれをリスク量と理解してよいのかわからない、リスク計測自体の信頼感がなくなる、という状況を招き、経営層がリスク分析結果を無視するような事態は本末転倒といえる。

[5] 金融検査マニュアルでは、「金融機関が採用すべき市場リスク計測・分析方法の種類や水準は、金融機関の戦略目標、業務の多様性によって決められるべき」とされている。

る。また、手法や前提条件は、時々の市場環境によってもその適切さが変化する場合もあるので、一度決定したら変えてはいけないというものではなく、継続的に検討や検証を行うべきである。

c　リスクの統合

　リスク種類（商品やリスクファクター）ごとにリスク量が計測された後、それらを統合し、全体（統合的リスク管理という意味では金融機関全体、市場リスクの範囲では市場リスクファクター全体について）のリスク量を把握することになる[6]。リスクの統合では、リスク種類間の相関をどのように織り込むか（分散効果の評価）が重要になる。金融機関全体の統合リスクでは、信用リスクやオペレーショナル・リスクなど、市場リスクとの相関を推定することが容易ではない場合もあるが、市場リスクの場合においては、少なくとも線形なリスクについては金利リスク、為替リスク、株価リスクなどの間の相関を考慮したうえでリスク量を計測するケースが多い[7]。

　またリスクを統合する際には、リスクカテゴリー（あるいはファクター）ごとのリスクが整合的な方法で把握されていることが前提となる。たとえば感応度分析で評価しているリスクとVaRで計測しているリスクは、同じ前提で計測されているリスクとはいえない。また同じVaRであっても、リスク種類ごとに異なる信頼区間（99%と99.9%等）や保有期間（20日、240日等）が用いられる場合は、そのまま合算することはできない。

d　リスクの多面的な理解

　リスクの評価に際して、単一の方法のみで計測するだけではなく、限界や欠点を認識し、それを補う方法を検討することも必要である。たとえばVaRによるリスク量の把握に加えて、ストレステストを行うことが近年で

---

[6]　なお、市場リスクの範囲におけるVaR計測では、リスクカテゴリー（金利、為替、株価等）を個別に計測してから統合するのではなく、統合も含めて同時に計算する場合が多い。

[7]　ただし前述したように、前提条件として用いる相関係数の推定は必ずしも容易ではなく、それ自体に不確実性を伴う。たとえば過去データから相関係数を推定する場合、得られる推定結果はデータの観測期間によって異なりうることに留意が必要である。

は標準となっている[8]。一般にVaRの限界として、分布のテール部分の評価の問題（信頼区間を超える損失の程度が把握されない）や計測の前提としたデータ観測期間の外における変動が評価に反映されない、などといった点があげられるが、ストレステストはそれを補う1つの方法といえる（ストレステストの詳細については第2章、第3章を参照）。

どのようなリスク計測手法やパラメータの設定においても、唯一絶対の正解というものはないということを認識しておきたい。限界や欠点を認識しつつ、継続的な工夫や検証によって精度をより高める不断の努力が必要である。そのために異なる手法によるリスク量の差異を検証することや、ストレステスト等によって手法や前提条件の妥当性を確認することが重要といえよう。

e　経営層の理解と承認

リスク計測の手法や前提条件の設定については、最終的に経営層（リスク管理委員会等）の承認を得る（すなわち経営層が意思決定をする）必要がある。経営層は単に計測されたリスク量をみる、というだけではなく、その背景にある考え方や特性（特に限界）を理解することも求められる。これは単に承認を与える、という意味だけではなく、後述するようにリスク情報を用いて戦略の意思決定を行う必要があることからも重要である。

リスク管理部門は経営層による意思決定のために、たとえば以下のような情報を提供する必要がある。

・リスク計測手法についての考え方
・前提条件についてどのようなみなしが置かれているのか、またそのようなみなしが及ぼす影響度合いについて
・リスク計量の精緻さの程度、特にリスクの把握が困難なリスクは何か、またその影響度合いはどの程度か、計量されていないリスクがあるとすればそれは何か、またその規模はどの程度か

---

[8] 金融検査マニュアルでもチェック項目としてあげられている。

(2) リスク資本計画の策定

　リスク資本計画の策定については、主に以下の3つの事項、すなわち、①リスク量に対して資本の過不足を評価すること（下記a）、②全体のリスク枠が部門あるいはリスクファクターごとにどのように使用されているかを把握すること（下記b）、③企業価値を高めていくために有限の資源である資本をどのように配分すべきかという経営戦略の策定（下記c）、に沿って考えていきたい。特に③については、リスクアペタイト・フレームワーク（RAF）として、近年活発な議論が行われているテーマである。

　リスク資本計画は、本来は全体の資本をどのように割り振るべきかという金融機関全体の統合的リスク管理のテーマであり、市場リスクの範囲におけるリスク枠の設定は、金融機関全体のバランスにおいて決定すべきものである。市場リスクに限定した議論だけでは、そこでどの程度のリスクまで許容すべきか、ということを論じることはむずかしい。したがって、ここでは金融機関全体のフレームワークとしてのリスク資本計画を論じたうえで、市場リスクの範囲におけるリスク資本計画についても触れていくこととする。

　上述したとおり、ここではリスク資本計画の策定に関する以下のステップについて説明する。

・資本とリスクの比較
・資本配賦の現状認識
・戦略的資本配賦

a　資本とリスクの比較

　資本とリスクの比較のステップは、経営の安定性の確認、つまり資本の余力についての現状を認識することである。計測したリスク量と金融機関が保有している資本量を比較検証することによって、リスクが顕在化した場合においても破綻を回避できるかということを確認する。

　まずリスク量については、計測したリスク量が資本と比較すべきリスク量になっていなければ意味がない。一例をあげると、VaRで計測しているリ

スク量については、信頼区間によって意味合いが異なることに注意したい。たとえば、信頼区間を90%と置いてリスク量を計測した場合には、信頼区間99%を用いた場合に比べて、リスク量は当然小さくなる。では、資本との比較という観点からは、リスク量計測に用いるべき信頼区間はどのように考えるべきなのであろうか、あるいはリスク量に対して必要な資本はどのように考えるべきなのであろうか[9]。

　リスク管理の視点からは、資本はリスクが顕在化した場合の損失を吸収する緩衝材ととらえることができる。したがって、リスクに対してどの程度の資本を確保すべきかを考えるうえでは、金融機関としてどの程度のリスクまでがカバーされなければならないか、という点を検討することになるが、具体的にはいくつかのアプローチがある。

　1つの考え方として、金融機関の目指す信用力（格付水準として考える場合が多い）によって信頼区間を設定することがあげられる。たとえば、99.99%の信頼区間を設定したうえで、そのリスクをカバーできる資本を有していれば破綻のリスクは小さくなり、高い格付を得ることが期待できる。その一方で、そのような高い信頼区間を設定すると、必要な資本が大きくなる。あるいは、とれるリスク量が小さくなることによって、資本に対する収益性の減少を招くことになる。資本の効率性も考慮しながら、金融機関の戦略として目指すべき信用力水準（格付水準[10]など）を決定し、リスク量はそれに応じた前提（信頼区間）を用いて計測することになる。

　また、めったに起こることのない損失が発生した場合においても、営業が継続できる[11]ための資本を確保しておく考え方も一般的となっている（バッファーと呼ばれることが多い）。たとえば、99%の信頼区間における最大損失が発生した場合においても、最低限必要な資本は確保しておく方法であり、

9　このような必要資本量の概念は、エコノミックキャピタルと呼ばれるケースも多い。
10　ただし格付機関の格付は、リスク量と資本の関係のみで決定されるわけではないことには注意する必要がある。
11　営業が継続できる資本水準も、格付等を基準に考えることができる。その水準は、たとえば投資適格を維持する、あるいはBB格程度まで認める、など経営判断による。

この場合の必要資本は99%VaR＋バッファーとなる。

　次に、リスクと比較するための資本として何を用いるべきか、という点について考えてみたい。一般的に資本として認識される概念には、大きく分けて、会計資本、規制上の資本（Tier 1、Tier 2、コア資本等）、経済価値資本[12]の3種類が存在する[13]。リスク管理の視点での資本は、損失が発生したとき、すなわちリスクが顕在化した場合においても、資産価値が負債価値を上回っていることを担保するための緩衝材の位置づけとなる。その観点からは、本来的には経済価値資本を用いるべきであると考えられる。ただし外部関係者からの視点という意味では、会計資本および規制資本は、一定の重要な意味を有しており、リスク顕在化の結果としてこれらの計数がマイナスになるなどの状況は許容しがたい。したがって、資本金額の設定についての本来的な考え方としては、経済価値資本を主軸にしたうえで、規制資本および会計資本を満たすべき制約条件ととらえたうえで、調整を加えて決定することが考えられる。たとえば、規制資本が経済価値資本と同程度と推定される場合には、規制資本を用いることも選択肢になりうる[14]。

　さて、実際にリスク量と資本額を比較することにより、その過不足が明らかになる[15]。リスク量が資本を上回っている状態は、金融機関が目指すべき信用力を保持できないことを示しており、早急な対策が必要になる。資本を増強する、あるいはとっているリスク量を削減する、などの方策が求められる。一方、資本がリスク量を上回っていれば、安定性という観点からは問題はない。ただし、仮にリスク量が資本に比べ極端に小さい場合には、株主の

---

[12] 経済価値資本とは、資産・負債の経済価値の差額である純資産の経済価値と考えることが多い。

[13] それらに加えて株式時価総額という考え方もありうる。これは株式市場による会社の株主価値の評価額と考えることができ、ここには資産・負債の価値に加えて、将来発生する収益の現在価値（のれん的要素）も織り込まれているといえる。

[14] 特に外部向けの参考として検討する場合には、規制資本は一定の規則に従って計算される公表数値であり、わかりやすさという点において優位性がある。事実、金融機関においては、この規制資本をベースに評価損益等の調整が加えられることが多い。

[15] 自己資本充実度の検証として、多くの金融機関で実施されている。ストレステストも活用されるケースが多い。

観点からは資本が有効に活用されていないことにもなるため、資本の量が過大であるのか、あるいはリスク量が過小評価されていないか検証が必要である。

　以上は金融機関全体の資本・リスクの問題であった。市場リスクに関して考える場合には、まず金融機関全体として有している資本量を把握したうえで、市場リスク全体としてどの程度のリスク量を許容するか（すなわちどれだけの資本を配賦するか）という経営の意思決定を行い、それをふまえて、市場リスク担当部門では、その配賦された資本量をもとに各デスク、トレーダー、商品などに再配賦して運営していくことになる。

b　資本配賦の現状認識

　まず資本配賦についての現状認識とは、各リスクファクター（あるいは各部門）がそれぞれどの程度のリスクをとっているかを評価し把握することであり、これによって全体としてのリスクテイクにどのような集中や偏りが存在するかを確認することになる。また、これは経営層が資本の再配賦を検討するためのベースとなる情報でもある。

　リスクファクター（あるいは部門）のリスク量を計測・認識する際には、そのリスクファクター単独ベース（他のリスクファクターとの相関を考慮しないベース）でのリスク量の認識に加えて、ポートフォリオ全体のリスクに対するリスク寄与度も認識することが望ましい。リスクファクター間の相関が

図表4-2　リスクファクターごとのリスク量計測イメージ

(億円)

リスクファクター	VaR
円金利	161
為替	34
株価	85
分散効果	－33
市場リスク合計	247

完全相関（相関係数がすべて1）でない限り、各リスクファクターの単独ベースのリスク量の総和は、ポートフォリオ全体のリスク量を上回る。その差額は一般に分散効果として認識され、リスク量の分布を表す際にマイナスの数値として認識されるケースが多い（図表4－2参照）。

リスクコントロールの観点からは、この分散効果への貢献に応じて各リスクファクターのリスク寄与度を把握することが重要となる。

c 戦略的資本配賦

戦略的資本配賦は企業価値向上を目的としたリスク管理という視点からの経営戦略の実践であり、金融機関としてのリスク・収益戦略が反映されなければならない。そのためには、すべての主要なリスクについてその存在理由（目的と意思）を明確にすること、および、経営の意思に基づいて資本配賦を決定すること、が重要な論点といえる。

最近では、これらをリスクアペタイト・フレームワーク（RAF）として構築することが強く求められている[16]。

(i) リスクの存在理由（目的と意思）の明確化

戦略という観点からは、すべての主要なリスクファクターについて、リスクテイクの理由が明確化されていることが求められる。金融機関がとっているすべてのリスクは目的と意思をもってとられているべきであり、特段の理由なくとられている、あるいは放置されているということがあってはならない。リスクテイクにはそれ自体が収益を追求するためのものと、他の収益源を求める結果として付随して発生するものがある。

たとえば、国債の運用において長短金利差を求めるリスクテイクや、将来のイールドカーブ形状を予想してポジションを構築するリスクテイクなどは、金利リスクを認識しながら収益を追求するケースである。他方で、たとえば固定金利の住宅ローンの貸出は、それ自体は利鞘を得ることが目的であるが、金利リスクを伴う。そのような金利リスクは、それ自体が取得の目的

---

[16] G-SIBs においては、「実効的なリスクデータ集計とリスク報告に関する諸原則」（バーゼル銀行監督委員会、2013年1月）の対応において、RAF の確立が必須となっている。

ではなく、付随的に発生しているリスクといえる。前者はいわば積極的、後者は消極的リスクテイクとしてとらえることができる。消極的リスクはそれ自体が悪いというものではないが、収益業務に付随するものなので仕方がない、と放置されている状態となると、もはや目的と意思のない「悪い」リスクということになる。そのような状況を発生させないための対処としては、リスク種類に応じた機能分担を明確化し、社内におけるリスクトランスファーを行うことが考えられる。

大切なことは、これらのリスクをすべて統合的に把握したうえで、とるべきリスクとヘッジすべきリスクを検討することである。

(ii) 経営の意思に基づく資本配賦

企業価値向上に向けて、経営層（リスク管理委員会等）は、リスク戦略の構築、すなわち限りある経営資源としての資本をいかに最適に配分していくか、という課題に取り組んでいくことが求められる。そのために、現状の資本配賦状況を出発点とし、各リスクテイク部門の役割の理解をふまえて、金融機関全体としてのリスクとリターンの関係を最適化するための資本配賦の計画を策定し、現状の資本配賦状況に調整を加えていくことになる。

ここで、「リスクとリターンの関係を最適化する」とは、単位リスク当りの収益を最大化することであるが、それを測る指標としてRAROC[17]などのリスク調整後パフォーマンス指標（Risk Adjusted Performance Measures）が一般化しつつある。

(3) モニタリングとコントロール

リスク資本計画で策定されたリスクテイクの計画は、設定された目標とリミットに基づいてフロント部門が実際のリスクテイクを行っていくことになる。リスク管理部門および経営層（リスク管理委員会等）は継続的にリスクテイクの状況を把握・監視し、必要に応じて適切なアクションをとることが

---

[17] Risk Adjusted Return On Capital.

求められる。これがリスク管理サイクルにおけるモニタリングとコントロールのステップであるが、主眼となるのはリスクテイク状況の検証とフロント部門に対する牽制の機能である。

a　モニタリングの対象とすべき事項

モニタリングの対象とすべき主な項目は、リスクポジション、損益状況、外部環境（経済状況や市場環境など）の３点があげられる。

(i)　リスクポジション

各リスクファクターあるいは部門ごとのリスク量とともに、全体としてのリスク量を把握する。部門ごとあるいは金融機関全体のリスク量が経営計画で定めた目標や限度額と比較して大きく乖離していないかを確認し、乖離状況がみられる場合にはその原因究明を行う必要がある。

(ii)　損益状況

ここでの「損益」は、必ずしも会計上の損益にとどまらず、経済価値の変動も把握することが望ましい[18]。たとえば期中において損失、すなわち経済価値資本の減少が生じている場合には、金融機関全体としてのリスク許容度が低下していることを意味する。その程度が大きい場合には、資本配賦のステップに戻り、とっているリスクに対して資本量が不足している状況になっていないか、資本配賦そのものを見直す必要がないか、を確認することになる。

(iii)　外部環境

外部環境としては、経済環境（景気の状況等）や市場環境（金利や為替、株価の動向など）が当初の想定の範囲内であるかどうかを確認し、乖離が生じている場合にはリスク計画の検証あるいは見直しを検討することになる。さらに外部環境として、リスク計測に用いていた前提条件に変化が生じていないかどうかを確認することも重要である。たとえば、パラメータとして設定

---

[18] 損益をリスク計測と同じ平仄で評価するという意味では自然なことといえる。たとえば預金等負債の価値変化は、会計上の損益としては評価されないが、リスク計測上その金利リスクを評価しているのであれば、その価値の変化を損益としてモニターすることは当然のことといえる。

していたボラティリティや相関関係が想定から大きく変化していないかを継続的に検証することが求められる。

b　リスクコントロールの考え方

リスクコントロールでは、リスクテイク状況（特にリスク限度額の超過）、損益の発生状況および外部環境の変化に応じて、然るべき対応を検討し、必要に応じてリスク量を削減することになる。リスクコントロールでは、状況に応じて迅速な対応を迫られることも想定されるため、事前にルール（対応マニュアル）を策定しておくことが必要である[19]。

リスクテイク状況として、リスク限度額の超過が発生している場合や適切な管理が行えないリスクが存在する場合には、迅速に経営層（担当取締役やリスク管理委員会等）に報告したうえで対応策を検討し実行する[20]。

損益の発生については、上記モニタリングでも述べたとおり、特に大きな損失が発生した場合には、金融機関全体のリスク許容度が低下するため、資本十分性の再検証やリスク資本の再配賦、リスク削減、リスク限度額の再設定を含めて総合的な対応が求められる。

外部環境の変化では、たとえば、各部門がリスク限度額を守っていたとしても、相関の変化により金融機関全体としてのリスク量が限度額を超過してしまう可能性がある。このような場合においてもリスクの削減やリスク限度額の再設定などの対応が求められる。

c　モニタリングの頻度および経営陣への報告と対応の意思決定

リスクテイク状況のモニタリングは、リスク管理部門およびリスク管理委員会等経営層の双方で行われるが、両者でその目的と頻度は異なる。平常時においては、リスク管理委員会等は月に1度程度開催され、日常的にはリスク管理部門が1次的なモニタリングを行うのが一般的と思われる。リスク管

---

[19] 金融検査マニュアルでは、市場リスク管理方針および市場リスク管理規程に基づいてリスクコントロールされているか、について言及されている。
[20] 金融検査マニュアルでは、「管理不可能な市場リスクが存在する場合の対応」や「限度額を超過した場合の対応」として、意思決定できる情報を取締役会に報告しているかについて言及されている。

理部門はモニタリングの結果、前述で指摘したような事項について大きな乖離や変動がみられた場合には、リスク管理委員会等経営層に対し、随時報告を行い経営層の注意を喚起するとともに、必要に応じてリスクコントロールの実施やリスク資本計画の見直しなど意思決定を促すことが求められる[21]。

d フロント部門とのコミュニケーション

リスク管理部門は、フロント部門に対する牽制機能を発揮するため、組織的な独立は確保されるべきである。一方、リスク状況のモニタリングの一環として、常にフロント部門と情報交換を行い、市場環境やリスク商品の流動性などについての情報取得に努めることも重要である。単に価格情報だけではみえにくい市場動向の理解を得ることが期待できる。

また、フロント部門との対話のなかで、リスク管理部門が想定していなかったリスク要素を見出すなど、リスクの見落としを発見できる契機にもなりうる。特にリスクコントロールの実施は、市場での資産売却やデリバティブでの取引によって行われることが想定されるが、その実施可能性に備えてそれら商品の市場流動性動向を把握しておくことも重要である。

また、リスク計測情報をフロント部門に提供するというフィードバックも重要なプロセスであり、これによって、フロント部門もよりリスクを意識した収益追求が可能になる[22]。

フロント部門とのコミュニケーションでは、双方向の情報交換によってコミュニケーションの質を向上させ意義のある相乗効果を期待したい。

(4) パフォーマンス評価

過去の実績を有効に活用し、将来の企業価値向上に役立てることがパフォーマンス評価の目的である。パフォーマンス分析は将来の経営計画（資本の再配賦計画の策定）のための重要な情報であるとともに、フロント部門

---

[21] もっとも、経営層が要望するならば、より高い頻度（たとえば日次、週次）で経営層への報告が行われるケースもある。
[22] 本章第2節3(2)参照。

に対する適切なインセンティブづけのベースになる[23]。

パフォーマンス評価（リスクテイクの実績評価）では、リスク対比での損益の視点をもって実績を評価すること、また計画における損益との乖離があったとするとその要因は何だったのか、を検証することが求められる[24]。

a　リスク対比損益の検証

企業価値の向上という視点では、資本を効率的に活用すること、すなわち単位資本当りの収益性を向上することが求められる。したがって、パフォーマンス評価では、損益の実額だけではなく、リスク対比損益を用いて評価を行うべきと考えられる。

リスク対比損益によるパフォーマンス評価を行うことによって、経営に対して有意義な情報を提供すること、およびフロント部門に対して正しい方向づけを与えることができる。リスク対比損益の観点からパフォーマンス評価が行われていない組織においては、過程はどうあれ利益をあげたものが高く評価されるという誤った認識が広まり、リスク管理自体が無意味化するおそれがあるので気をつけたい。

リスク対比損益の検証は、それを評価するための指標（図表4－3参照）を用いて、各部門（あるいは各リスクファクター）の実績を計画との対比で評価することになる。

b　損益要因の理解

リスクをとっている以上、損失が発生しうることはやむをえない。しかし経営管理の視点からは、その損失の要因を明確に把握しておきたい。前述のとおり、リスクテイクに際してはその目的と意思が明確化されていることが望まれる。パフォーマンス評価ではその観点から、当初想定された目的と責

---

[23] パフォーマンス評価は実績に応じてボーナスを決定するといった業績連動報酬のみを目的とするわけではない。

[24] 金融検査マニュアルでも、【市場リスク計測結果の分析・活用】において「市場リスク計測手法の算出結果（例えばVaR）を業績評価のために活用しているか。内部管理と整合的な収益ユニット毎に、市場リスク計測手法の算出結果を活用したリスク・リターン分析に基づく業績評価を行っているか」との項目がある。

図表4－3　リスク対比損益指標の種類（例）

指標の分類	計算式	特　徴
信用コスト控除後収益	業務純益－信用コスト（期待損失）	業務純益から期待損失を差し引く。すでに多くの金融機関が算出。ただし、各部門に配賦しているリスク資本（非期待損失）対比の収益性は測れない。
信用コスト控除後収益率（RAROC、RAPM）	信用コスト控除後収益 / リスク資本	信用コスト控除後収益をリスク資本で割ることによって、リスク資本（使用資本でなく配賦資本が多い）対比の収益性がわかる。ただし、比率を高めるために分母を小さくする（縮小均衡）という誘因が働く可能性がある。
資本コスト控除後収益（EP）	信用コスト控除後収益－リスク資本×資本コスト率	信用コスト控除後収益から資本コストを差し引くことで株主付加価値[25]を求めたもの。収益額指標なので縮小均衡を招くおそれはない一方、そのままでは収益性はわからない。また、資本コスト率を設定する必要がある。

（資料）日本銀行資料より筆者作成。

任のうち、どの領域でどのような損益が発生していたかを確認することが求められる。その分析の結果、もし責任の所在が明確でない損失が存在する場合には、リスクの把握と資本配賦に立ち戻る必要があるといえる。

(5) リスク資本の再配賦

前項のパフォーマンス評価を受けて、経営戦略としての資本配賦は見直されることになる。その内容は、「リスク資本計画の策定」の戦略的資本配賦と同様である。

25　SVA（Shareholder Value Added）

この資本配賦の再検討のプロセスは、会計上の区切り（年度単位等）で行うことが一般的であり、期中においても、市場環境の変化や各部門の損益状況に応じて柔軟に見直しを行える態勢を整えておくことが必要である。第1節1(3)でも述べたように、大きな損益が発生した場合は、金融機関全体として使用可能な資本量が変化するため、資本配賦そのものについても見直しが必要になるほか、外部環境、特にリスク計測上の前提条件が変化した場合にも検討が必要になる。

(6) リスク計測手法の検証と見直し

　繰り返しになるが、リスク計測の手法や前提条件には複数の選択肢が存在し、どれか1つの方法が唯一絶対ということではなく、金融機関の規模やリスク特性、また外部環境によってその選択は異なりうる。

　逆にいうと、金融機関のリスク特性の変化や外部環境の変化によって、用いるべきリスク計測手法や前提条件も異なる可能性があることを認識し、状況の変化に応じて現在採用している手法や前提の妥当性について検証を行う必要がある。また、リスク計測手法そのものや前提条件の考え方は常に進化するものであるから、現在使用している方法が陳腐化していないかということも検討する必要がある。

　実際にリスク計測を月次等で実施していると、必ずしも感覚と合致しないようなリスク量が計測される場合がある。そのようなときには、他の手法による計測結果と比較を行う、あるいは前提条件を変化させて計算してみるなどの検証作業を行い、原因究明に努める必要がある。

　金融検査マニュアルでは検証・見直しの項目として「市場リスクの評価方法の見直し」があげられており、たとえば「市場リスクの計測・分析の範囲、頻度、手法等が戦略目標、業務の規模・特性及びリスク・プロファイルに見合ったものかを、定期的に又は必要に応じて随時、検証しているか」、また「プライシング・モデル、市場リスク計測・分析手法、前提条件等の妥当性について、定期的に又は必要に応じて随時、理論的及び実証的に検証

し、見直しているか」との記載がある。
　また、このステップはサイクル上最後に位置づけているが、これは必ずしも年度の最後に行うべきという意味ではない。検証・見直しは随時継続的に行われるべきである。

第 2 節

市場リスク報告レポート

　金融機関では、計測・評価された各種リスク指標値をモニタリング・報告することにより、経営がリスクマネジメントに関する意思決定を行う態勢をとっているのが一般的である。市場リスクの報告レポートは、①リスク計測とモニタリング（限度額管理）、②リスク分析、③リスク報告の3つの要素に分類、整理することができる。

　なお、「実効的なリスクデータ集計とリスク報告に関する諸原則」（バーゼル銀行監督委員会、2013年1月）でも、G-SIBs向けにリスク報告に関する諸原則を公表しており、遵守を求めている。

1　リスク計測とモニタリング（限度額管理）

　リスク限度額とは、取引の所管部門やトレーダーに対して設定される制限のことである。

　リスク限度額は、図表4－4のように、2種類で使い分けられる場合が多い。

　また、日々のリスクモニタリングでは、図表4－4のリスク限度額に加えて、アラームポイント（たとえば限度額の80％等）を設ける場合もある。

　限度額は、一般的にリスク量（VaR）で設定されることが多い。金融機関全体のリスク資本を、統合的リスク管理の枠組みのなかで、各所管部門やトレーダーまで配分される。VaR以外にも、その対象商品の特性によってさまざまな設定方法がなされる場合もある。たとえば、債券保有残高や先物枚数といった取引量に係るもの、BPVやオプショングリークのような感応度に係るものにも、限度額が設定されることがある。

figures 4-4 リスク限度額の種類

リスク限度額	概　要
ハードリミット	リスク限度額を超えることが許されないもの。超過したら直ちに限度額内に収めるような取引を強制的に行わなければならない。特に、トレーディング勘定における部門やトレーダーに対する限度額の運用方法として採用される。
ソフトリミット	リスク限度額を超えた場合は、協議のうえ方針を決定するもの。ガイドライン的な意味合いが強い。銀行勘定全体のリスク限度額など、関係部門が複数存在する場合や、ポジションコントロールにも時間がかかるようなポートフォリオに対する運用方法として採用される。

2　リスク分析手法

　リスクモニタリングは、リスク限度額の管理だけ行っていればよいわけではない。日々の市場変動やポジション動向によって、金融機関が抱えるリスクの特徴や傾向を分析することが重要である。特に、複数のリスク要因を包含した商品やポジションについては、そのリスク構造を分解し、どの要因からリスクが生じているのかを分析し、把握しておくことが大切である。リスクが発生している源泉が理解できれば、それに対してどのような「アクション」をとればよいのか、検討が可能となる。

　リスク管理技術の高度化に伴い、全体のリスク（たとえばVaR）を統合的に把握することは可能となった。これは統合リスク管理の観点からは大きな進歩だが、高度化すればするほど、計測ロジックは複雑化する傾向もあり、リスク計測プロセスそのものが「ブラックボックス化」してしまうおそれもある。「VaR」の値1つだけで、リスクをマネジメントすることはできない。リスク管理の担当者は、経営層がどのような分析を求めているのか、綿密なコミュニケーションを行って、常にリスク分析の見直し・高度化を図るべきである。

図表 4 − 5　経営層とリスク管理部門のやりとり（例）

経営層からの質問・要望	リスク管理部門の対応
① なぜVaRが前月から大きく増加しているのか？ 説明をしてほしい。	・前月からポジションが大きく変化していなくても、VaR計測のパラメータ（分散・共分散など）が変われば、VaRも大きく変化する場合がある。 ・ポジション要因（パラメータは前月のまま）やパラメータ要因（ポジションは前月のまま）などによるVaR計測を行い、その比較を行うことよって、VaRがぶれた要因分析を行う。
② 最近のVaRは限度額に近づいてきているので、リスク量を減らすためにどのようなアクションをとればよいのか？ いくつかのプランとその期待効果を提示してほしい。	・スワップによるヘッジ取引や、ポジションを大きくとっている資産（負債）などの売却など、複数のアクションプランとその期待効果の分析を行う。 ・期待効果を表すために、リスク情報だけではなく、リターン情報を使用して、リスク対リターンの観点から経営層の意思決定を導出しようとする場合が多い。

　以上、図表 4 − 5 に、経営層とリスクマネジメント部門との間でよく行われるやりとりの例をあげる。

　このような質問や要望に関して、経営層とリスク管理部門がコミュニケーションをとることが重要であり、それに応えていくことでリスク分析能力や経験が蓄積され、リスク管理部門の強固な土台となることが期待される。

3　リスク報告の構造

(1)　経営層への報告

　前述の「リスク計測とモニタリング」と「リスク分析」に関する報告を、いかに行うかがポイントとなる。重要なことは「情報を要求している人に対して適切な情報をタイムリーに伝えること」である。当然のことに思える

が、現実には経営層がほしい情報がうまく報告できていないケースも多いようである。ここでも前述のリスク分析と同様、どのような情報をどのようなレイアウトで伝えてほしいのか、という経営層とリスク管理部門との対話が必要である。何回にもわたる対話のキャッチボールと試行錯誤を経て、その金融機関に適した報告体系が確立されるのである。

リスクモニタリングの最終的な目的は、経営層に対してリスク情報の報告を効果的に行い、リスクに関する経営意思決定をすみやかに行うことである。

(2) フロント部門への報告

リスク報告としては、「フロント部門」への報告も重要である。「リスク」は金融機関全体における共通言語でなくてはならない。経営層に対して「リスク」言語で報告しているにもかかわらず、経営層からフロント部門へ「アクション」の指示を出すときに「リスク」の言語が使えなければ意味がない。リスク情報に対して、金融機関内で一貫性を確保することが重要である[26]。

自己勘定トレーダーのように、厳密なリスク・リターン指標で業績評価される職員や部門は、リスク管理部門からリスク情報の報告を受けるのが一般的である。ただ、それ以外のフロント部門（銀行勘定での債券投資部門等）へは、リスクの報告が不十分であるケースもみられる。フロント部門で独自にポジションを把握していて、リスク管理部門のリスク計測結果の報告がなされていない、あるいは報告されても参考程度という場合もある。システムの統合、フロント部門とリスク管理部門の情報の突合などの態勢づくりが求められよう。

また、フロント部門への報告は経営層への報告とは異なり、かなり詳細なポジション、リスクの情報が求められる場合が多い。またフロント部門とのコミュニケーションが進めば、リスク管理部門に対してさまざまなリスク分析の要求も増えるであろう。このような循環をつくりだすことによって、さ

---

[26] 最近では「リスク文化（リスクカルチャー）」と呼ばれ、リスクガバナンス構築のなかで重要視されている。

らにリスク管理高度化のノウハウ蓄積が期待でき、金融機関全体にとってもリスク耐性のある組織へ変革していくことになろう。

4　市場リスク報告レポートの事例

　ここでは、経営への報告様式の骨子について考察を行う。もちろん、金融機関ごとに経営が要求する情報量、水準などは異なるので、リスク管理委員会などで十分な検討を行うべきものであるが、基本的な骨子としては、図表4－6のように整理することができる。

　報告は大きく「基本報告項目」と「追加報告項目」の2種類に分けられる。前者は一定のフォーマットに従って、継続的にリスクの状況、限度額、時系列推移をモニタリングしていくものである。後者は、その時の市場環境や経営環境によって大きな課題となりそうなテーマや、経営層から特別に指示のあった検討項目などである（様式の事例は図表4－7～図表4－10を参照）。

図表4－6　報告項目の骨子

	項　目	内容の例
基本報告項目	①　リスク情報 （図表4－7、図表4－8）	・経済価値ベース（感応度、VaR） ・期間損益ベース（シナリオ分析、EaR）
	②　リターン情報 （図表4－9）	・経済価値ベース（総合損益ベース） ・期間損益ベース
	③　パフォーマンス評価 （図表4－9）	・リスク・リターン比率（RAROCなど）
追加報告項目	④　リスク分析 （図表4－10）	・経営層から要望のあった分析結果 ・注目すべきリスク要因の分析
	⑤　アクションプラン （図表4－10）	・経営層から要望のあったシミュレーション結果 ・リスク管理部門の独自案によるシミュレーション結果

図表4－7　経営報告資料の事例(1)

市場リスク管理　経営報告資料　　　　　　　　　　基準日：2015年1月30日
1　経済価値ベースのリスク取得状況（感応度・VaR）　作成日：2015年2月3日

(1)　金利リスク

(百万円)

		金利感応度（10bpv）							VaR値
		6M	1Y	2Y	5Y	7Y	10Y	20Y	合計	99%点 240日
預金	流動性	88.7	153.6	165.4	85.1	68.5	32.4	0.0	593.7	455.2
	定期	253.1	341.2	215.5	364.2	0.0	0.0	0.0	1,174.0	1,756.0
	その他	1.9	0.5	-0.0	-0.0	0.0	0.0	-0.0	2.3	6.8
	預金	343.7	495.3	380.9	449.3	68.5	32.4	0.0	1,770.0	2,218.0
	リスク限度枠	500.0	700.0	500.0	500.0	100.0	100.0	100.0	2,000.0	-
	枠抵触状況									
貸出	法人向け	-156.2	-73.2	-110.5	-568.5	-309.1	-163.1	-1.5	-1,382.1	2,865.3
	個人向け	-80.4	-100.6	-65.5	-452.2	-465.5	-302.1	-6.5	-1,472.8	3,309.2
	その他	-15.2	-14.3	-35.6	-54.2	-68.1	-110.3	-56.2	-353.9	1,103.2
	貸出	-251.8	-188.1	-211.6	-1,074.9	-842.7	-575.5	-64.2	-3,208.8	7,277.7
	リスク限度枠	1,000.0	1,000.0	1,500.0	1,500.0	1,000.0	1,000.0	500.0	4,000.0	-
	枠抵触状況					※		※		
有価証券運用	満期保有目的	-3.5	-8.6	-28.6	-100.3	-56.2	-45.0	-38.5	-280.7	701.6
	その他保有目的	-55.1	-58.6	-268.3	-680.3	-502.3	-544.1	-321.1	-2,429.8	6,532.1
	その他運用	-3.6	-7.5	-45.2	-103.4	-51.2	-55.8	-12.1	-278.8	713.4
	有価証券運用	-62.2	-74.7	-342.1	-884.0	-609.7	-644.9	-371.7	-2,989.3	7,947.1
	リスク限度枠	1,000.0	1,000.0	1,200.0	1,200.0	1,500.0	1,500.0	1,000.0	4,000.0	15,000.0
	枠抵触状況									
オフバランス（金利スワップ）		100.6	110.5	55.4	160.1	0.1	0.0	0.0	426.7	459.3
リスク限度枠		500.0	500.0	750.0	750.0	750.0	750.0	500.0	2,000.0	5,000.0
枠抵触状況										
合計		130.3	343.0	-117.4	-1,349.5	-1,383.8	-1,188.0	-435.9	-4,001.4	12,235.2
リスク限度枠		1,500.0	1,500.0	3,000.0	3,000.0	3,000.0	3,000.0	1,500.0	7,500.0	25,000.0
枠抵触状況										

※：限度枠80%超過

(2)　株価リスク　(百万円)

	株価感応度 1%V	VaR値 99%点 240日
上場株式	153.1	984.2
非上場株式	85.2	655.7
その他・個別	98.5	826.3
合計	336.8	2,497.8
リスク限度枠	1,000.0	5,000.0
枠抵触状況		

(3)　為替リスク　(百万円)

	為替感応度 1%V	VaR値 99%点 240日
USD/JPY	92.1	404.1
EUR/JPY	61.5	322.3
その他	0	0
合計	153.6	644.5
リスク限度枠	200.0	1,000.0
枠抵触状況		

(4)　市場リスク統合　(百万円)

	VaR値 99%点 240日
金利リスク	12,235.2
株価リスク	2,497.8
為替リスク	644.5
市場リスク合計	13,662.3
リスク限度枠	30,000.0
枠抵触状況	

市場リスク分布状況（VaR・百万円）

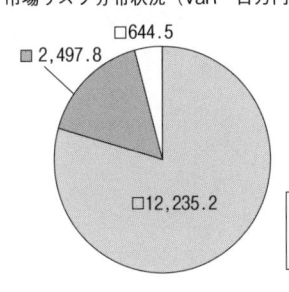

- 金利リスク：12,235.2
- 株価リスク：2,497.8
- 為替リスク：644.5

(5)　ストレステスト　(百万円)

		経済価値	ガイドライン
シナリオ①	アウトライヤー基準	-7,322.7	-20,000.0
シナリオ②	株式下落	-14,442.1	-
シナリオ③	長期金利急騰	-12,343.2	-

［コメント］
・個人住宅ローン（固定10年型）の残高増加によって、5～10年までの金利感応度が上昇傾向にある。（7年と合計で警戒ラインを超過）
・また国債の残高は引き続き減少しており、有価証券全体のVaRも減少している。

図表4-8　経営報告資料の事例(2)

2　期間損益ベースのリスク状況（シナリオ分析・EaR）
(1) シナリオ分析

(億円)

	① メイン	② サブ1	③ サブ2	④ サブ3	⑤ サブ4
期間損益（2016年3月末まで）	651.5	675.5	663.2	638.5	624.5

① メイン：IFRベースで市場金利が推移するシナリオ
② サブ1：2015年後半から金利が穏やかに上昇するシナリオ
③ サブ2：2015年後半にかけて金利が上昇するが16年に入ると金利が下落するシナリオ
④ サブ3：2015年に入って金利が急騰するシナリオ（悪い金利上昇）
⑤ サブ4：現状の金利が横ばいで推移するシナリオ

(2) 期間損益分布（EaR）

(億円)

	50%点	99%点	EaR値
期間損益（2016年3月末まで）	652.2	610.4	41.8

(3) シナリオ分析結果と期間損益分布の状況

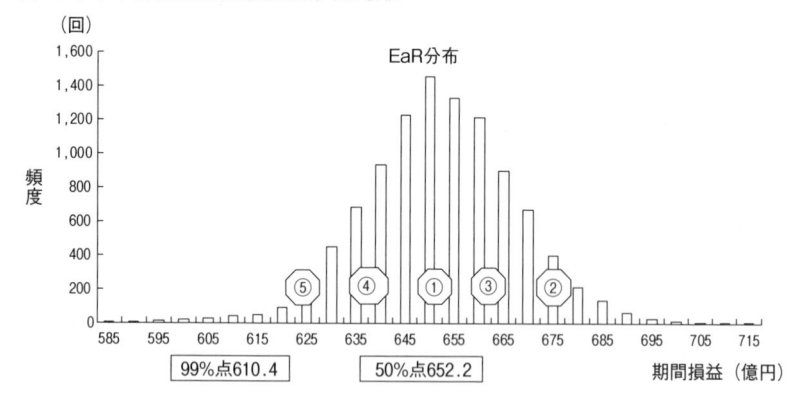

［コメント］
・来年度末（2016年3月末）までにおいて、期間損益の下ブレ幅（EaR）は41.8億円であり、水準としては許容範囲である。
・また各シナリオ（①～⑤）のシミュレーション分析結果も、想定される分布の範囲内から大きく外れておらず、一定の客観性が担保されていると考えられる。
・よって現段階では、すぐにアクションを起こす必要性は低いと考える。

図表4-9　経営報告資料の事例(3)

3　リターンおよびパフォーマンス評価

(百万円、%)

	経済価値増減(※1)	期間損益(※2)	配賦資本	リスク量(VaR)	資本使用率	残高	リスク・リターン比率 ROE	RAROC	RAROA
	A	B	C	D	E=D/C	F	G=B/C	H=A/D	I=A/F
市場部門	3,265	3,316	30,000	13,662	45.5	3,160,500	11.1	23.9	0.1
金利リスク	2,799	2,911	25,000	12,235	48.9	3,071,000	11.6	22.9	0.1
預貸金見合い	1,571	1,831	20,000	8,243	41.2	2,150,000	9.2	19.1	0.1
債券ポートフォリオ	1,333	1,131	15,000	7,947	53.0	921,000	7.5	16.8	0.1
オフバランス	-105	-51	5,000	459	9.2	120,000	-1.0	-22.9	-0.1
株価リスク	320	159	5,000	2,498	50.0	80,000	3.2	12.8	0.4
為替リスク	23	95	1,000	645	64.5	9,500	9.5	3.6	0.2
その他リスク	123	151	2,000	-	-	-	7.6	-	-

(※1) 今期初から現在までの経済価値の増減（信用リスク等のリスク調整後）
(※2) 今期初から現在までの期間損益（キャリー損益＋キャピタル損益）。役務経費なども考慮した当期利益ベース

(1) 配賦資本とリスク量

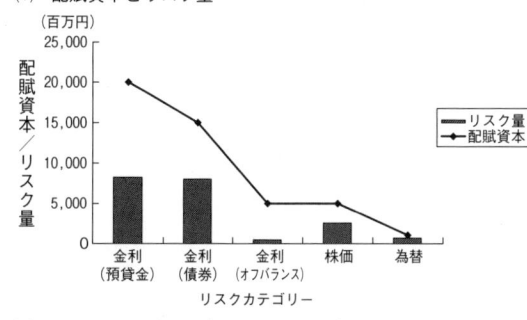

[コメント]
すべてのリスク量が配賦資本枠の範囲内に収まっている。為替リスク量の資本使用率が警戒ラインの80%に接近しており、留意が必要。

(2) リスクカテゴリーごとのROEおよびRAROC

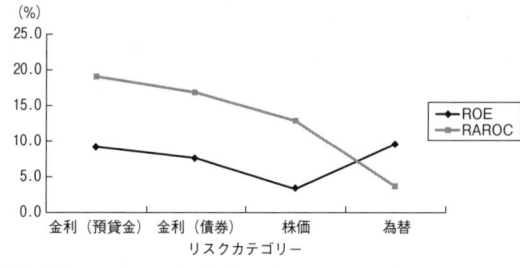

[コメント]
当期利益ベースのROEではリスクカテゴリー間の相違は大きくないが、経済価値ベースのRAROCでは、リスクカテゴリー間で大きな差異が生じている。
金利は最近の低ボラティリティによってリスク量が抑えられ、RAROCも高水準だが、為替は低水準となっている。

(3) 今期のRAROCの推移（リスクカテゴリー別）

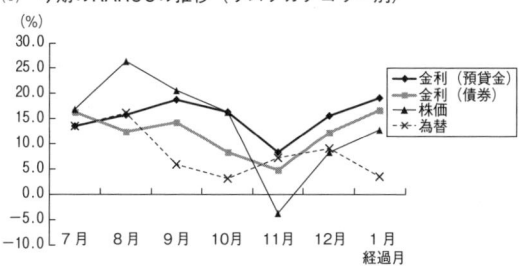

[コメント]
株式の変動性が高い。11月の株式市場の急落によって一時落ち込んだが、市場回復とともにRAROCも持ち直している。
金利系も11月の市場混乱で落ち込んだが、翌月より持ち直している。

第4章　市場リスク管理の運営態勢

図表4−10　経営報告資料の事例(4)

4　リスク分析
(1) テーマと目的
　　・マクロ経済指標をベースとしたストレスシナリオの検討を行う。
(2) 進捗状況

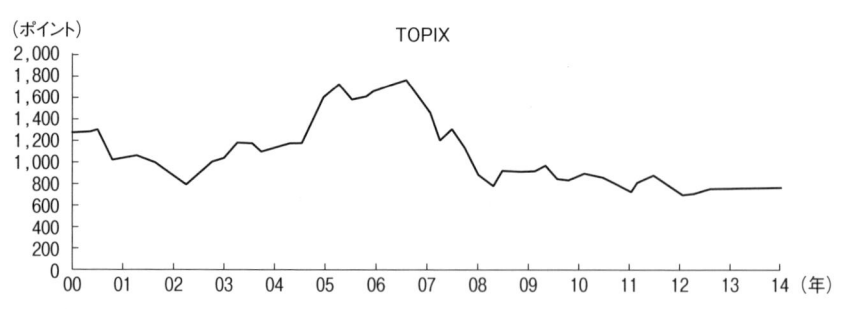

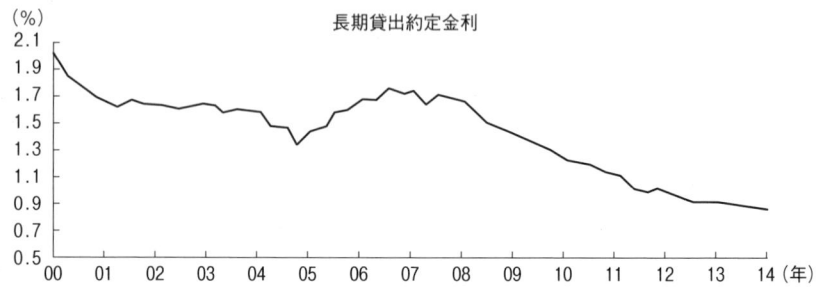

実質GDP (%)

TOPIX (ポイント)

長期貸出約定金利 (%)

[コメント]
・マクロ経済指標である実質GDPを出発点として、TOPIX、長期金利の将来の動きを推定するモデルを構築中。
・今後、地域特性を考慮するために、地域マクロ変数の組込みを検討することとする。
・モデル化後、各リスクファクターへの影響度を分析し、具体的なストレステストを実施する（3月実施予定）。

5 アクションプラン

(1) 目的
・現状のポジションと最近の市場環境を考慮したアクションプランを策定し、その影響度合いのシミュレーションを行う。

(2) アクションプラン策定

アクションプラン	目 的	効 果
① 金利リスク抑制	住宅ローン固定型（10年）の伸びによる中期ゾーンの金利リスクヘッジのため、スワップ7年のショートを500億円実行する。	・金利リスクは10bpvで3億円程度縮小し、警戒ラインから大幅に減少させることが可能。金利VaRは122億から110億へ減少。 ・RAROCは22.9%から25.4%へ上昇。
② 株価リスク増加	相対的に株価リスク取得の余地があり、今後の株式上昇を予想してリスク量（VaR）を30%増加させる。 個別株式のほかに株式投信も使用する。	・株価リスク：VaRは25億から32億に上昇。 ・期待収益も考慮したRAROCは23.1%となる。

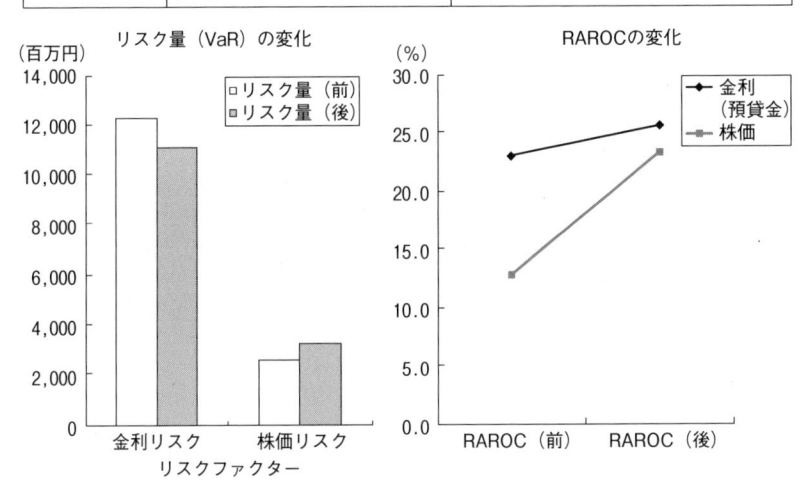

[コメント]
・金利リスク抑制と株価リスクの増加の2種類のアクションプランとその影響度合いのシミュレーションを行った。
・プラン①のスワップによるヘッジは効果的であり、リスク量の警戒ライン超過も解消される。またパフォーマンス評価指標であるRAROCも少しであるが上昇する（22.9%→25.4%）。
・プラン②において、株価リスク量（VaR）を30%増加させ、期待リターンも上昇した。RAROCでは大幅な上昇となった（12.8%→23.1%）。
・アベノミクスの継続を受け、株高が期待できる。株式のリスクを積極的にとりにいく②のアクションについて具体的な銘柄・スキームの検討に入りたい。

特に経営層との対話という観点では、後者の「追加報告項目」が重要になる。経営層が何の情報を望んでいるのか、またリスク管理担当者は、何を経営層に理解してもらい、どんな意思決定をしてもらいたいのか、というコミュニケーションを、報告資料を媒体にして行っていくのが有効である。

第 3 節

市場リスク管理態勢の検証

　リスク管理の運営サイクルにおいては、そのリスク管理態勢について定期的に検証を行い、問題・課題点を洗い出すことによって、改善を行うプロセスを継続的・構造的に行うことが重要である。

1　リスク計測モデルの検証

　市場リスク管理には、VaR 計測をはじめとして多くのモデルが使用されている。モデルによる推定値と実際に起こった実績値を比較することによって、そのモデルの確からしさを検証することを、モデル検証分析（バックテスティング）と呼ぶ。
　一般的には、VaR 計測モデルに対してのバックテスティングが行われているが、他のモデル（たとえば期限前返済モデルや金利連関モデルなど）を使用している場合でも、それぞれのモデルについてバックテスティングを行う必要がある。

(1)　VaR のバックテスティング

a　バックテスティングの方法
　バックテスティングは、VaR 値と損益との関係を比較するものであるが、この損益の把握方法には以下 2 種類の考え方がある。
① 　実際に発生した損益
② 　ポジションを固定した場合において発生したと想定される損益
　まず①の損益は、 $t=0$ 時点から $t=1$ 時点（日次の場合は当日から翌日の

1日間）に実際に発生した損益であり、その間に発生した新たな取引のキャッシュフローによる評価損益も考慮されている。一方、②は、あくまでも t ＝ 0 時点のポジションがそのまま維持された場合の t ＝ 1 時点で想定される損益である。これは、 t ＝ 0 時点で計測された VaR は t ＝ 0 時点のポジションから発生するキャッシュフローのみを対象としていることと整合的である。これらを整理すると図表 4 － 11 のようになる。

　以前は、①の方法でバックテスティングを行う金融機関が多かったようである。その理由としては、「①実際の損益」のほうが、「②ポジション固定によって想定される損益」よりも把握が容易であったということと、バーゼル規制のマーケット・リスク量において定義されている「マーケット・リスク相当額の算出」において、「実際の損益」を使用していることなどが考えられる[27]。

　ただ最近では、VaR 計測システムも高度化しており、②の方法で実施している金融機関も増えている。また VaR 計測の理論から考えても、②のほうが整合的であるといえる。

　①、②はどちらが正しい、というものではない。バックテスティングの目的や業務運営上の効率性も考慮し、どちらか、あるいは両方を相互補完的に

図表 4 － 11　損益の把握方法の違い

損益の把握	対象となる取引	VaR との関係
①　実際の損益	t ＝ 0 時点のポジションと t ＝ 0 ～ 1 の間に発生した取引	VaR の考え方とは不整合
②　ポジション固定によって想定される損益	t ＝ 0 時点のポジションのみ	VaR の考え方と整合的

---

[27] トレーディング部門を対象としたマーケット・リスク量を計測している金融機関は、規制で定義された方法に従って算出することが求められている。

使用することも検討すべきであろう[28]。

バックテスティングの結果の経営報告は月次、あるいは四半期程度で定期的に行われている。その結果は図表4－12のように視覚的にみやすいグラフで作成される場合が多い。過去1年間（250日）の日次損益（絶対値）と日次VaRの比較をしたもので、VaRを超えた日次損益がどれだけ発生しているかによって、VaRモデルの適切性を検証する方法である。

また、時系列としてとらえる方法もある（図表4－13）。VaR自体が過去どのような水準で推移したか、どの期間で損益のブレが多く発生したか、など期間による傾向を把握しやすい。

b　バックテスティングの留意点

ここではバックテスティングを行う際に、よく議論となる点について考察する。

図表4－12　バックテスティング結果の例

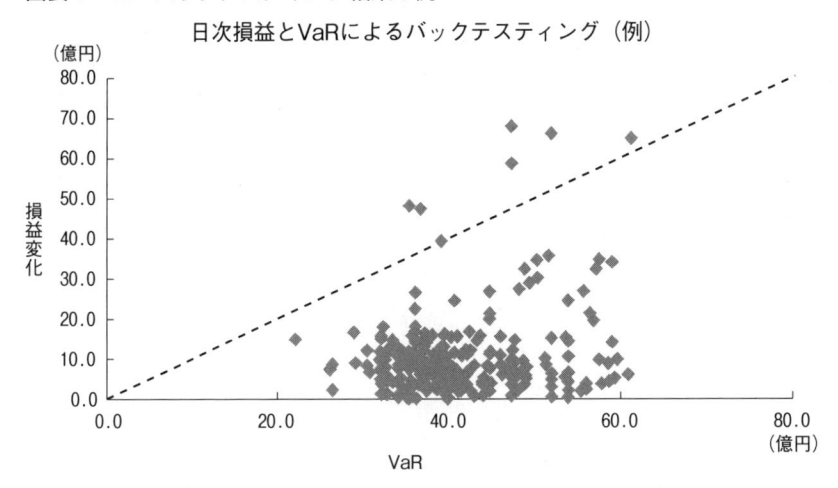

日次損益とVaRによるバックテスティング（例）

---

[28] 金融検査マニュアル上でも、「実際に発生した損益又はポートフォリオを固定した場合において発生したと想定される損益のいずれかを使用したバックテスティング」を求めており、どちらを採用してもよいとしている。

図表4-13 時系列によるバックテスティング結果の例

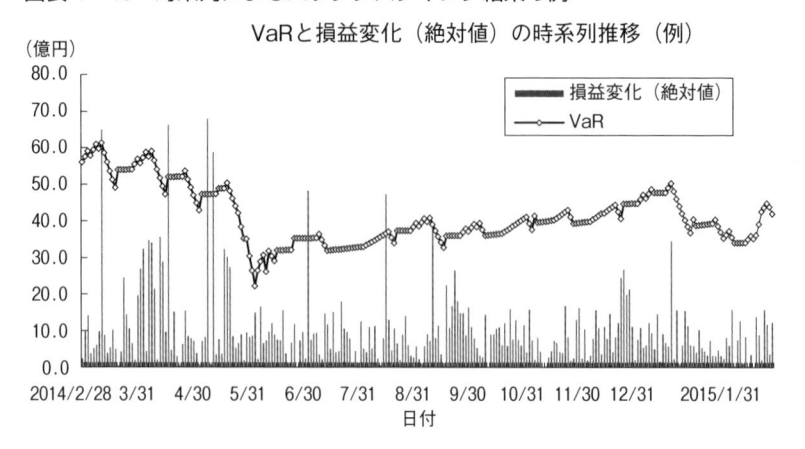

VaRと損益変化(絶対値)の時系列推移(例)

(i) サンプル数に関する問題

バックテスティングを行うには、損益とVaRの実績のサンプルをある程度確保することが必要である。バーゼル規制におけるマーケット・リスク量では、1年間(250営業日)、つまり250個のサンプルによるバックテスティングが求められている。

一方、預金・貸出金も含めた銀行勘定全体におけるバックテスティングはどのように考えればよいであろうか。銀行勘定全体のVaRは、月次ベースで計測している金融機関も多い。その場合、たとえば250個のサンプルを集めるにも20年以上かかる計算となり、現実的ではない。仮に20年間のサンプルがあったとしても、20年という長期間では市場環境や経済環境も大きく変わっていることが予想され、モデル検証分析というバックテスティングの目的からしても問題がある。よってバックテスティングのサンプルは日次をベースに考えるのが現実的である[29]。

銀行勘定の場合、特に預金・貸出金の取引データは月次更新である場合が

---

29 ただし、その場合はVaR計測における保有期間とバックテスティングにおける保有期間が異なるという課題があることに留意する必要がある。サンプル数を確保するために、保有期間1日のVaR値をバックテスティングのデータとして用意しても、実際のVaRの保有期間は1年間というケースも多くみられる。

多い。その場合は、1カ月間のポジションは一定として市場データのみを更新して、日次の損益を把握する方法がとられる。これは、図表4－11の方法②（ポジション固定によって想定される損益）に準じる考え方であり、サンプル数を確保するためには有効である。

ただしこの場合、月次でポジションのデータが更新された際に、大きく損益がぶれる傾向があり、VaR値を超過することが多くなる。業務運営上は、その要因分解を行うなどの留意が必要となる。

(ⅱ) 信頼区間に関する問題

一般的には市場リスクのVaRは99%で計測されることが多く[30]、100回のうち1回程度超過することを想定している。ただし、これは「何回超えるか」のみを問題としており、「超えた場合の損失額」については考慮していないことに留意する必要がある。

(2) その他のモデル

前項まで、リスク指標の中心であるVaRについてのモデル検証方法について整理を行った。しかし、リスク計測には、VaRモデルだけではなくほかにも多くのモデルが使用されている（図表4－14参照）。これらのモデルに関しても、その適切性について検証が必要であるのは、VaRモデルと同様である。

前述のVaRモデルとその他のモデルの検証方法に関しては、図表4－15のように整理できる。

VaRモデルおよび金利シナリオ生成モデルの場合は、想定内の範囲を設定するために信頼区間という概念が必要となる。それ以外のモデルについては、比較検証の相手が同じ（推定値と実績値）であるため、モデルの検証自体は行いやすい。

検証はいろいろな方法で行われているが、その検証方法や頻度、報告態勢

---

[30] バーゼル規制のマーケット・リスク量計測でも99%を求めている。

図表4-14　その他のモデル（例）

モデルの種類	モデル名称	モデルの概要
金利関係のモデル	金利シナリオ生成モデル	将来の市場金利の分布を作成するモデル
	金利連関モデル	将来の金利間の連関具合を設定するモデル ［例］　住宅ローン（固定10年）と市場金利（10年）の連関モデル　など
残高推定のモデル	期限前返済モデル	貸出金の将来の期限前返済率を推定するモデル ［例］　住宅ローンの期限前返済モデル、MBSの期限前償還モデル　など
	預金残高推定モデル	預金の将来の残高を推定するモデル ［例］　定期預金の中途解約モデル、流動性預金残高推定モデル　など
プライシング・モデル	デリバティブ評価モデル	複雑なデリバティブなどの評価、プライシングを行うモデル ［例］　ハイブリッド型オプション評価モデル　など

図表4-15　モデル検証方法の違い

モデル	モデル検証（バックテスティング）の方法
VaRモデルおよび金利シナリオ生成モデル	リスク量を表現する分布のなかに、実績値の発生頻度が想定どおりかどうかを検証する。
上記以外のモデル	モデルから推定される値と、実績値との乖離具合を検証する。

についてはリスク管理規程として定義されておくべきである。

2　リスク管理態勢の検証

　ここでは、リスク計測手法以外のリスク管理態勢の検証について記述する。主な検証の対象項目として以下があげられる。
　(i)　組織・権限態勢
　リスク管理業務における方針・手続（ポリシー＆プロシージャー）の定期的な見直しが必要である。取扱商品の多様化・複雑化によって、リスク管理の方法論も変化しているため、文書と実業務の整合性の確保が重要である。
　またフロント部門との牽制態勢やリスクモニタリングにおける役割・権限等もルールどおり行われているか、検証が必要である。
　(ii)　リスク計測システム
　リスク管理には、リスク計測、モニタリングのシステムは欠かせない。システムが設計どおり稼働しているかどうかの検証も定期的に実施すべきであろう。特に稼働から年月がたっているシステムは、内部ロジックがブラックボックス化しているケースも見受けられる。仕様書やオペレーションマニュアルも含めた文書の定期的な更新も重要である。
　(iii)　リスク計測データ
　リスク計測に必要となるデータ（取引データや市場データなど）が正確にシステムに取り込まれているかどうかの検証も必要となる[31]。
　上記(ii)、(iii)はシステムリスク管理の範疇で対応する場合もあろう。リスク管理態勢の検証は、内部監査部門との連携が重要となる。特に最近では、金融庁も内部監査部門の役割の重要性について強調している。また、さらなる高度な検証を行う場合には、外部監査やコンサルティングの活用も検討すべきであろう。

---

31 「実効的なリスクデータ集計とリスク報告に関する諸原則」（バーゼル銀行監督委員会、2013年1月）に、リスクデータの集計について詳細な記載がある。

第5章 市場リスク管理とALM運営

前章まで、市場リスクの計測、および管理（モニタリング、運営）について解説を行ってきた。本章では、ALM（Asset Liability Management、資産・負債の総合管理）に焦点をあてることとする。資産・負債がさまざまなリスクにさらされている金融機関にとって、ALMは非常に重要な手法であり、多くの金融機関で採用されている。ただALMという言葉は、10人いれば10とおりの解釈があるといわれることもあるように、所属している部署や役職、また金融機関の規模などによって、さまざまな定義で使用されているのも事実である。

　本章では、ALMと市場リスク管理（"市場"に限定しない場合もある）について、その関係性について考察を行うこととする。

第 1 節

市場リスク管理と ALM 運営の関係

　ここでは、本邦金融機関における市場リスク管理と ALM 運営の関係性について、組織の観点を中心にみていくことにする。

1　運営組織の類型

　多くの金融機関で、「リスク管理委員会」「ALM 委員会」という経営レベルの委員会が設置されている。金融機関によってその位置づけはさまざまであるが、以下 3 種類の類型に分類することができよう。
① 　一体型（ALM とリスク管理を一体的に運営する態勢）
② 　縦列型（ALM 委員会が上位組織となる態勢）
③ 　並列型（ALM 委員会とリスク管理委員会が並列に位置づけられている態勢）
　まず、①の一体型については、「ALM 委員会」のみ（逆に「リスク管理委員会」のみというケースも存在する）を設置している態勢である（図表 5 − 1 参照）。リスク管理のみならず、収益管理、ALM 運営も統合的に運営していこうとするものであり、小〜中規模の地域銀行によくみられる。人的リソースに限りがあり、可能な限り効率的に ALM・リスク管理を運営するために一体化が望ましいと判断したものと思われる。また、ある程度規模の大きい

図表 5 − 1　一体型の態勢

[一体型]

ALM 委員会	[内容（例）] 収益管理、ALM 運営、統合的リスク、自己資本、信用リスク、市場リスク、流動性リスクに関する事項を協議

地域銀行や持株会社においても、このようなケースがみられる。収益管理とリスク管理を一体的に運営しようとする先進的な動きも出てきているようである。

次に、②の縦列型のケースである。ALM委員会を上位に置き、リスク管理委員会をその下部組織と位置づけているものである（図表5－2参照）。この場合、下部組織の名称は、「リスク管理委員会」ではなく、「ALM小委員会」「ALM部会」などの名称を用いている金融機関もある。下部組織で詳細なリスクモニタリング、限度枠管理を行い、その結果をALM委員会に報告する方式をとっているケースが多いようである。地域銀行業態でみられる態勢である（名称として「リスク管理委員会」が上位になっている場合もある）。

最後に、③の並列型であるが、ALM委員会とリスク管理委員会が、組織上同レベルとなっているケースである（図表5－3参照）。ALM委員会、リ

図表5－2　縦列型の態勢
［縦列型］

ALM委員会	［内容（例）］ 収益管理、ALM運営、営業戦略等にかかわる協議
リスク管理委員会	［内容（例）］ 統合的リスク、自己資本、信用リスク、市場リスク、流動性リスクのモニタリング

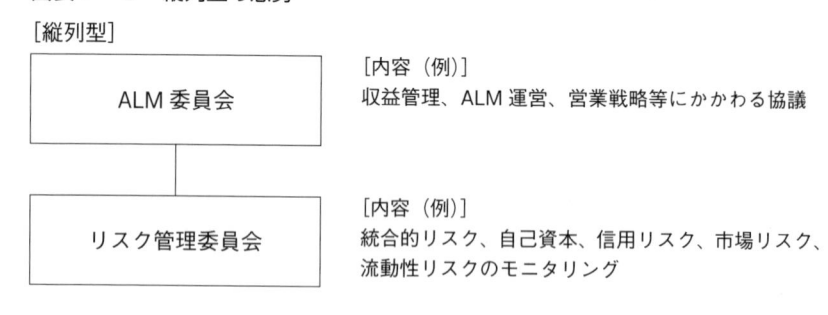

図表5－3　並列型の態勢
［並列型］

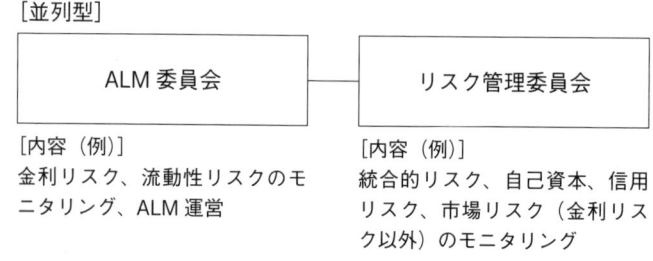

ALM委員会	リスク管理委員会
［内容（例）］ 金利リスク、流動性リスクのモニタリング、ALM運営	［内容（例）］ 統合的リスク、自己資本、信用リスク、市場リスク（金利リスク以外）のモニタリング

スク管理委員会ともに、取締役会（あるいは常務会）直下の経営会議と位置づけられていることが多い。メガバンクを含む大手銀行、地域銀行の上〜中位行によくみられる方式である。

なお、「信用リスク」や「オペレーショナル・リスク」については、それぞれ専門の「信用リスク委員会」「オペレーショナル・リスク委員会」を設けているケースも見受けられる。その場合、信用リスク、オペレーショナル・リスク以外の市場リスク、流動性リスクをALM委員会で一元的に所管する場合が多い。

また、この並列型の場合、両委員会の所管、報告事項等の重複感があるケースも散見されるのが現実である。特に地域銀行の中位行レベルになると、両委員会への出席者もほとんど同じメンバーということもありうる。両委員会の役割を明確にし、必要であれば「一体型」として組織運営を効率化することを検討すべき金融機関もあるかもしれない。

ここでは、3つの類型に分類して、ALM運営とリスク管理の関係を組織の面から考察を行った。自身の組織体系がどの類型に当てはまるか、あらためて考察する手がかりになると思われる。

2　ALMの定義

本項では、そもそものALMの定義について考察を行いたい。前述のように、ALMという言葉は、人によってさまざまな意味で使われている。ここでは、少々強引ではあるが、以下のようにALMの範囲を広範囲〜小範囲に分類を試みた。

まずは、図表5－4の下のほう（小範囲）からみていくこととする。一例として、三菱UFJフィナンシャル・グループ[1]では、「ALMとは、B／Sに内在する『金利リスク』と『資金流動性リスク』の総合的な管理が主たる役

1　三菱UFJフィナンシャル・グループ「ALM運営」（2013年4月）より抜粋。

図表 5 - 4　ALM 範囲の分類

ALM の範囲		対象リスク				B／S コントロール	
		金利リスク	流動性リスク	その他市場リスク	信用リスク	受動的（預貸営業含まず）	能動的（預貸営業含む）
広範囲		◯	◯	◯	◯	◯	◯
中範囲	(1)	◯	◯	◯	◯	◯	
	(2)	◯	◯	◯		◯	
小範囲		◯	◯			◯	

割」となっている。さらに金利リスクについては、「預貸等の B／S が有する金利リスクは、Transfer Price（TP）を通じて ALM 部署に集中」「市場取引を通じて金利リスク・流動性リスクをコントロール」としている。これは図表 5 - 4 における「小範囲」の ALM と考えることができる。対象リスクは「金利リスク」「流動性リスク」であり、B／S コントロールは市場取引（有価証券、デリバティブ等）によって行うという整理ができる。

次に、「中範囲(2)」は、「小範囲」に「その他市場リスク」が加わったものである。いくつかの地域銀行では、ALM 委員会の役割として、「資金の運用、調達方針に関する事項」が定義されており、金利リスクのみならず、為替や株価等の市場リスクまで範囲に含まれるケースがみられる。

さらに、「中範囲(1)」においては、「信用リスク」が範囲に含まれることになる。ある地域銀行では、ALM 委員会の役割として、「自己資本管理・リスク資本配賦」を含めており、これは信用リスクまで包含したある程度広義の ALM を指向していると考えることができる。

最後に、「広範囲」の ALM については、「ALM 戦略目標策定」「統合業務計画策定」まで含んでいるケースがみられる。これは、預貸の営業計画も含めて、全体としてバランスシートをコントロールし、主要なリスクを管理、運営していこうとする方式といえ、最も広義な ALM と考えることができる。

どの範囲を網羅するのがよいかは、各金融機関の規模、業務範囲、スタッフなど多くの要因によるが、現時点での自身のALM範囲をあらためて確認しておくことは、有効であると思われる。

3　金融検査マニュアルにおけるALM

それでは、金融庁の金融検査マニュアルでは、ALMはどのように位置づけられているのであろうか。マニュアル上では、主に「市場リスク管理態勢」の「資産・負債運営」の項目、および「流動性リスク管理態勢」の「ALM委員会等の役割・責任」の項目において記載がみられる。たとえば、「市場リスク管理態勢」については、以下のように書かれている。

・資産・負債を総合管理し、運用戦略等の策定・実行にかかわる組織としてのALM委員会等は、市場部門の戦略目標等の策定にかかわっているか。
・戦略目標等、市場リスク管理方針および市場リスク管理規程に基づき、金利、為替、価格変動等の市場リスクをコントロールしているか。たとえば、銀行勘定の金利リスクの水準をコントロールしているか。

このようなことから、金融検査マニュアルにおけるALMは、図表5－4における「中範囲(2)」の水準を想定しているようにもみえる。

しかし一方、マニュアル上の「統合的リスク管理態勢」のなかにおいても、以下の記載がある。

・取締役会等は、統合的リスク管理方針に基づき、資産・負債を総合管理し、運用戦略等の策定・実行にかかわるALM委員会またはこれと同等の機能を有する組織(以下「ALM委員会等」という)を設置しているか。

この文章からは、信用リスクも含めた統合的リスク管理態勢の枠組み、さらに「運用戦略等の策定・実行」についてもALM委員会等にも求められることから、預貸の営業戦略に関してもALMはコミットすべきとも読むことができる。金融検査マニュアルでは明確な定義はされていないが、図表5－4における「広範囲」なALMを指向していると考えることもできるのであ

る。

　もちろん、「ALM委員会等」ということで、「これと同等の機能を有する組織」というなかで対応している金融機関も多いものと推察するが、本来目指すべきALMについて、再度考察することも有意義だと思われる。

4　リスク管理とALM運営

　これまでみてきたように、リスク管理とALMの関係はさまざまなパターンに分類されることがわかる。ただし、金融検査マニュアルにも記載があるように、一般的な傾向としては、ALM運営の対象範囲は拡大させていくべきと考えることができる。

　低金利状態が続き、貸出金の利鞘が縮小していくなか、収益力の強化が求められている。ALM運営を単に金利リスクの管理とコントロール、と位置づけるだけでは、金融機関全体としての有機的な戦略策定は困難といえる。

　特に規模のそれほど大きくない地域銀行にとっては、銀行全体としてのALM運営は比較的簡単に態勢整備は行えるのではないかと思われる。金利リスクのコントロールと営業戦略を一体的に組み込んだ態勢づくりが求められるものと推察する。

　その際、ALMの所管部署としては「リスク統括部」となっている金融機関も多いと思われるが、最近では徐々に「経営企画部」「総合企画部」に移していく傾向もみられる。

第 2 節

損益・リスクシミュレーション

　ALM 運営としての市場リスクのコントロールにおいて、最も主要な手法となるのが損益・リスクシミュレーションである。ここでは、その手法の概要について解説を行う。

1　シナリオ分析

　シナリオ分析は、損益・リスクシミュレーションの根幹といえるものである。複数の市場シナリオ（金利、為替、株価等）、資金シナリオ（バランスシートの構造）を想定し、将来の期間損益や経済価値の変動を分析・評価する手法である。

　第 2 章で解説した感応度分析や VaR 分析は、ある「一時点」のポジションを対象として、その経済価値がどのように変化するかを把握する方法であった。変化の期間は比較的短期間（感応度分析の場合は瞬間的、VaR では保有期間10日、数カ月等）を想定することが多く、現時点で抱える自身のリスクを把握するには有効な手段であった。

　ただし、この「一時点」のポジションのみを考えるだけでは、金融機関の存続を前提としたリスク管理や経営を行うことはできない。将来の金利や、将来の取引、経営戦略まで考慮した、中長期的・フォワードルッキング的なシナリオ分析が必要となる。

　シナリオ分析は、従来から「期間損益ベース」での損益・リスクシミュレーションに使用されることが多かった。特に、預金・貸出金がポートフォリオの大宗を占める金融機関にとっては、財務会計に直結する資金収支のシ

図表5－5　シナリオ分析の使用方法（例）

	主な使用方法
期間損益ベース	・期ごとの資金収支計画と目標の策定 ・複数シナリオのシミュレーションによるリスク方針、ALM戦略の検討
経済価値ベース	・現時点および将来時点における経済価値変動、リスク量の計測

ミュレーションは、業務計画やALM戦略を策定するのに有効であった。

一方、「経済価値ベース」の観点でも、このシナリオ分析手法が活用される。現時点におけるポジションをベースに市場シナリオを想定して経済価値の変動を把握する方法に加え、将来発生するキャッシュフローを資金シナリオとして想定し、将来時点の経済価値変動も分析しようとするものである[2]。このように、シナリオ分析手法は「期間損益ベース」「経済価値ベース」の両方に有効な手法ということができる（図表5－5参照）。

(1) 期間損益シミュレーション

期間損益シミュレーションは、図表5－6のようなフローで行われるのが一般的である。まず元データとなるのは現時点（計測時点）のポートフォリオが保有する既存取引分から発生するマチュリティラダー（将来のキャッシュフローから作成）である。

シナリオについては、「市場シナリオ」と「資金シナリオ」の2種類があり、これらに対してそれぞれ複数のシナリオを想定する（メインシナリオ、サブシナリオ、ストレスシナリオ等）。想定された市場シナリオ、資金シナリオをそれぞれ組み合わせることによって、将来の期間損益のシミュレーション結果が得られる（たとえば、市場シナリオが4種類、資金シナリオが2種類だとすると、4×2＝8種類の結果が得られる）。市場シナリオと資金シナリオの

---

[2] 将来時点のリスク量計測については、拡張VaR、将来VaRなどと呼ばれることもある。実務運用を行っている金融機関はまだ少ないが、徐々に浸透してきている。

図表5-6　期間損益シミュレーションのフロー

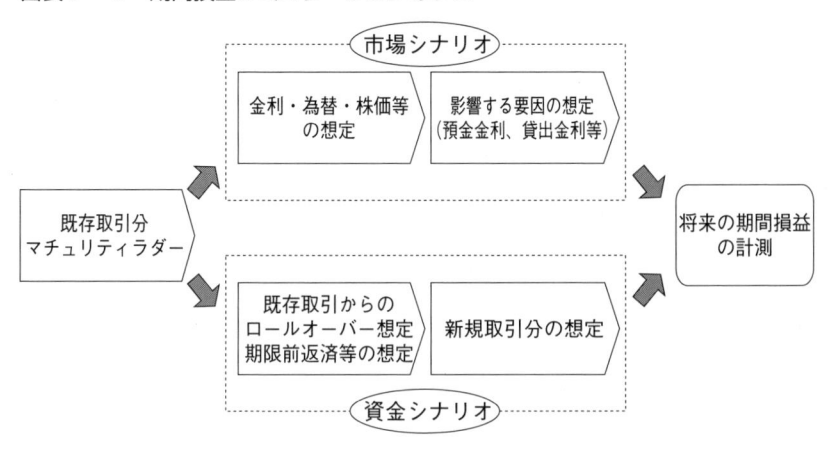

```
                    ┌─ 市場シナリオ ─┐
                    ┌──────────┐  ┌──────────┐
                    │金利・為替・│  │影響する要因│
                  ┌→│株価等の想定│  │の想定（預金│→┐
                  │ │          │  │金利、貸出金│ │
                  │ │          │  │利等）      │ │
┌─────────┐  │ └──────────┘  └──────────┘ │ ┌─────────┐
│既存取引分│──┤                                    ├→│将来の期間│
│マチュリ  │  │                                    │ │損益の計測│
│ティラダー│──┤ ┌──────────┐  ┌──────────┐ │ └─────────┘
└─────────┘  │ │既存取引から│  │          │ │
                  │ │のロールオー│  │新規取引分│→┘
                  └→│バー想定    │  │の想定    │
                    │期限前返済等│  │          │
                    │の想定      │  │          │
                    └──────────┘  └──────────┘
                    └─ 資金シナリオ ─┘
```

相関を考慮したシナリオを設定することも可能である。

a　市場シナリオの作成

　市場シナリオとしては、一般的には金利・為替・株価等の将来の推移を想定する。図表5-7のように、「メインシナリオ」「サブシナリオ」に区別して策定し、そのシナリオの目的・位置づけを明確にすることによって、経営層をはじめとした金融機関全体の理解・コンセンサスを得るような工夫が必要である。

　現実的には、シナリオの設定は容易ではない（特にサブシナリオ、ストレスシナリオの設定はむずかしいであろう）。明確な根拠が少ないなかでの作業となるため、経営層をはじめとする関係者ができるだけ理解・納得するようなプロセスを踏むことが必要であろう。リスク管理部門だけではなく、市場運用部門（フロント部門）や調査部などの専門部隊、あるいは外部エコノミストへのヒアリングなどの作業も、シナリオに説得力を与えるために重要である。

　市場シナリオを策定した後は、そのシナリオによって影響が出る要因をすべてピックアップし、その連関性のモデル化を行う。預金金利や住宅ローン基準金利など、金融機関が独自で決定することのできる「指標金利」は、市

図表 5 - 7　市場シナリオ策定の例

シナリオ	目的・内容
メインシナリオ （1種類）	・金融機関の経営層が、最も蓋然性が高いと位置づけているシナリオ。 ・金利の場合は、現在のイールドカーブから計測されるインプライド・フォワード・レート（IFR）や、市場でのコンセンサスイールドカーブ、中期計画や予算策定などで想定した金利シナリオなどが採用されるケースが多い。
サブシナリオ （2～3種類）	・メインシナリオほど確率は高くないが、起こってもおかしくないと想定するシナリオ（ストレスシナリオも含む）。 ・金融機関内部および外部へのヒアリング等も実施して策定される。 ・ストレスシナリオに関しては、最近ではマクロ経済指標をベースとしたシナリオの作成が行われるケースも多い。

図表 5 - 8　市場金利と指標金利の連関モデル（例）

指標金利	連関モデル
住宅ローン基準金利 （10年固定型）	$Y_{固定10年} = 0.35 X_{10年市場金利} + 2.83\%$
普通預金金利	$Y_{普通預金金利} = 0.17 X_{1ヵ月市場金利} - 0.02\%$

場金利にある一定の連関性をもって追随する設定にすることが多い。

　図表 5 - 8 に、「住宅ローン基準金利（10年固定型）」と「普通預金金利」の金利間連関モデル[3]の事例をあげた。

　また、市場金利が変動することによって定期預金の中途解約や住宅ローンの期限前返済も起こりうる。市場シナリオと資金シナリオの間のモデル化も課題であろう。このように、影響を与える要因を網羅的に洗い上げておくことがシナリオ策定上重要となる。

3　過去データを使用した回帰分析によってモデルの係数を決定する。

モデル化に際しては、過去のデータ分析だけではなく、今後の市場環境・経営環境を考慮したモデルを複数パターン用意することが望ましい。重要なのは、担当者から経営層を含めて、現実味があり、納得できるシナリオを置くことである。現実味のないシナリオを示されても、経営層としてはそれにコミットすることはできず、結果的には意思決定の材料にならないシナリオとなる。

b 資金シナリオの作成

市場シナリオ以上に作成がむずかしいのが資金シナリオであろう。将来の自身のポートフォリオの構成がどのように変化する可能性があるのか、あらゆる角度から検討する必要がある。

ここでは、シナリオを策定する際に、市場環境以外の経営を取り巻く環境について「環境変化なし」と「環境変化あり」の2つの切り口で検討する方法を示す（図表5－9参照）。環境変化が「なし」と「あり」の2種類のシナリオを作成することは、シミュレーション結果の要因分析を行ううえでも有効である。

図表5－9　資金シナリオ策定の例

環境変化	シナリオ内容	考えられる要因（例）
なし	現在の経営環境が大きく変化しないと想定するシナリオ。	・金利変動による既存顧客の中途解約、期限前返済等
あり	現在の経営環境が大きく変化し、それによってポートフォリオの構成が大きく変化すると想定するシナリオ。	・アベノミクスによる経済成長 ・さらなる金利競争の激化 ・地域金融の再編・合従連衡の加速 ・少子高齢化・人口減少による顧客構造の大きな変化 ・異業種（ネット系、流通系）からの参入による競争激化 ・ゆうちょ銀行の住宅ローンなど融資業務の開始

まず「環境変化なし」については、顧客や経営環境の大きな変化は想定しない。よって、自身のポートフォリオ構造に変化が起こる要因としては「市場環境」のみと整理することができる。

　ただ実際には、金融業界全体の環境は大きく変化しており、なんらかの「環境変化あり」のシナリオ作成が求められよう。特に、足下の状況を勘案すると、「アベノミクスによる経済成長」「2〜3年後の量的・質的緩和の出口戦略」をどのように考えるかが焦点となろう。

　その際、マクロ経済指標とバランスシート構造との間の関係をモデル化しようとする試みがなされている。たとえば、GDPの変動と貸出残高、格付、貸出金利などの関連性をモデルとして組み込んでおくと、アベノミクスによるGDP上昇率を設定すれば、将来の資金シナリオ（B／S構造）も想定することが可能となる。

　また、ストレステストにおいても同様に、マクロ経済ストレステストが注目されている。ここでは、マクロ経済指標だけではなく、市場シナリオ（為替、株価も含む）と資金シナリオも整合的に関連づけるモデルを構築する傾向が強まることが予想される。

　ここでも市場シナリオの場合と同じように、経営者が理解し説得力のあるシナリオをどのようなプロセスで行うかがポイントである。

(2) 経済価値シミュレーション

　現時点における経済価値変動の分析では、リスク要因である「市場シナリオ」の想定を行い、ポートフォリオの価値を再計算する。近年では、フォワードルッキングなリスク管理の観点から、将来時点（たとえば今期末時点など）における経済価値変動やリスク量（VaR）や感応度を計測する金融機関が増えてきている。

　前述のとおり、VaRは計測時点で保有しているポジションのみを対象としており、新たな取引によるキャッシュフローは考慮しないのが一般的である。ただし、将来時点のリスク量（VaR）などの経済価値評価を行うために

図表 5 −10 将来時点価値の計測イメージ

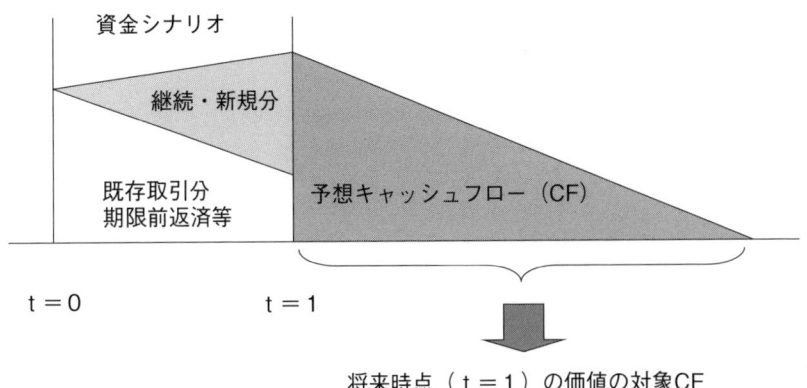

将来時点（t＝1）の価値の対象CF

は、既存取引の継続や新規の取引、期限前返済等の動向を考慮しなければならない。

図表 5 −10において、現時点が t ＝ 0 、将来時点を t ＝ 1 とする。 t が 0 から 1 までの間に発生する継続・新規分および期限前返済等を考慮したものを資金シナリオとして想定する。これによって t ＝ 1 時点で想定されるポートフォリオが作成され、そのポートフォリオから発生する「 t ＝ 1 時点での予想キャッシュフロー」を作成し、将来経済価値や将来 VaR が計測される。

また、 t ＝ 0 から 1 までに予想される期間損益と将来 VaR を統合的にとらえることもある（「拡張 VaR」等と呼ばれる場合もある）。

いずれにしても、将来経済価値、将来 VaR の計測は、資金シナリオをどのように設定するかが重要なポイントになるといえよう。

2　アーニング・アット・リスク（EaR）

EaR は、将来の一定期間の期間損益がとりうる分布を作成し、期待損益の期待値からどの程度ぶれる可能性があるのかを計測する手法である。主に預金・貸金を中心とした銀行勘定の金利変動リスクを把握するために使用さ

れる[4]。

(1) EaR 計測プロセス

EaR は、シナリオ分析での期間損益を計測する方法と、ほぼ同様のプロセスで計測される（図表5-11参照）。シナリオ分析と異なる点は、金利シナリオを、確率的な金利モデルを使用して将来の金利シナリオを自動的に多数発生させて分布を作成し、そのシナリオごとに期間損益を計測し、期間損益の分布を作成するところである。

将来の市場金利分布を作成するには、金融工学の分野で開発されている金利期間構造モデル（ターム・ストラクチャー・モデル[5]）が使用される。分布を作成するためのシナリオ数は、1,000～10,000本程度が一般的である。シナリオ数が多いほど分布形状が安定してリスク量も安定化する傾向があるが、計測の処理時間も長くなる。

図表5-11　EaR 計測のプロセス

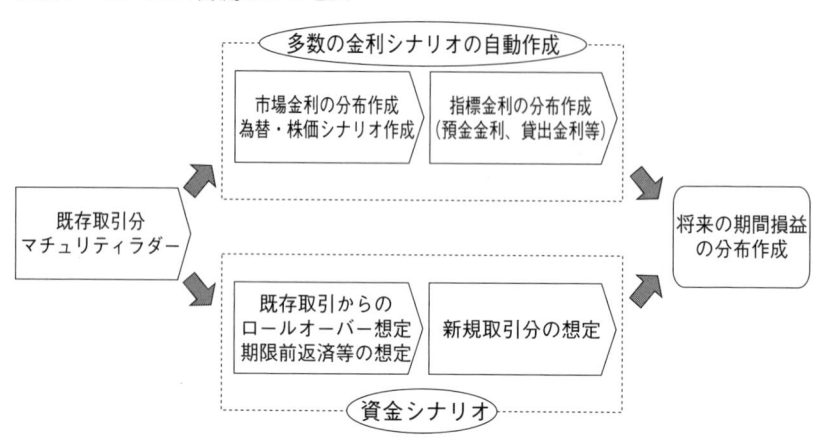

---

[4] このため、リスク要因としては金利が中心となる。為替・株価などもリスク要因に組み込むことは可能であるが、実務的にはなんらかの仮定による一定値を置いている場合が多い。
[5] Hull-White モデル、Cox-Ingersoll-Ross モデル、Black-Derman-Toy モデルなどが有名である。

作成した金利分布と、あらかじめ作成してある資金シナリオを掛けあわせて、期間損益の分布が作成される。

図表5－12はEaR分布の例である。金利シナリオは10,000本発生させたもので、将来1年間に予想される平均的な期間損益は652億円となった。これはIFR[6]ベースの金利シナリオによる期間損益シミュレーションの結果と近い値になる。99％点は610億円となった。この平均値と99％点の差額42億円をEaR値と定義する場合が多い。この数値から、「1年間で652億円の期間損益が見込まれるが、金利状況によっては期間損益がぶれる可能性があり、99％点でみると42億円の下ブレもありうる」ととらえることができる。逆に上ブレする可能性もあり、690億円程度まで期間損益が上昇することもありうる。

このEaR値42億円と、金融機関の経営計画や予算の着地見込みなどを比較検証することになる。ブレを小さくしたい場合には金利スワップなどで

図表5－12　EaR分布の例

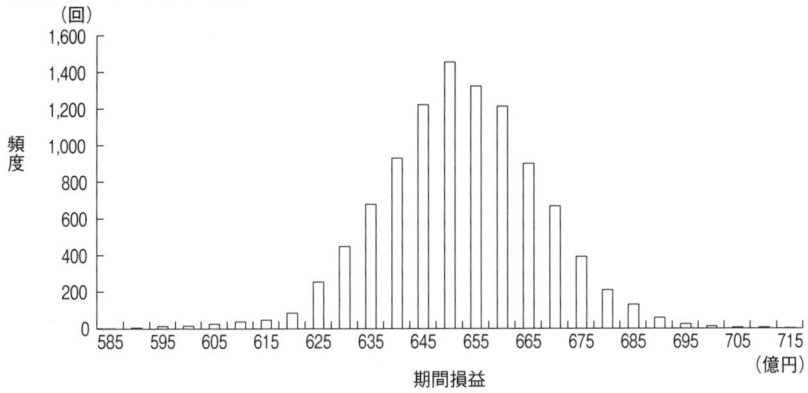

期間損益（1年間）分布

■1年間の期間損益（資金収支ベース）
平均値：652億円　99％点：610億円　EaR値：42億円

6　IFR：Implied Forward Rate（インプライド・フォワード・レート）。現在のイールドカーブから導き出される将来の金利。

ヘッジを行う。想定するヘッジ取引を考慮した「ヘッジ後資金シナリオ」を作成し、再度 EaR 計測を行って、ヘッジによる分布形状の変化を確認・分析することになる。

(2) シナリオ分析との相互補完

EaR は期間損益ベースのリスクを把握するために使用されているが、EaR 値（図表 5 - 12 の例だと42億円）の数値のみでは、経営層の意思決定材料になりにくいという課題がよく指摘される。そのため、EaR の分布状況とシナリオ分析による複数の損益シミュレーション結果の比較検証による活用が行われることもある。図表 5 - 13 は、図表 5 - 12 の EaR の分布を簡便的に図示したもので、それ以外にシナリオ分析によるシナリオ①〜⑤までの5パターンの損益シミュレーション結果をプロットした例である。

シナリオ①はメインシナリオのシミュレーション結果（649億円）であるが、EaR 分布上もほぼ平均値（652億円）に近くなっていることがわかる。サブシナリオである②〜⑤はそれぞれ分布のなかに収まる結果となっている。ただ、シナリオ⑤については、平均値からやや離れた結果となってい

図表 5 - 13　EaR 分布とシナリオ分析結果の相互関係の事例

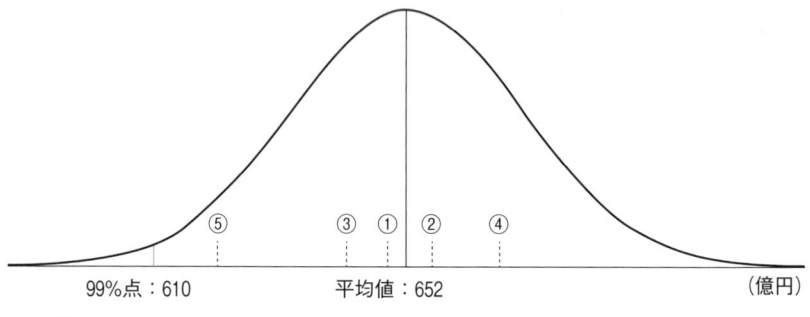

```
              ⑤    ③ ①  ②    ④
        99%点：610      平均値：652           (億円)
```

■期間損益シミュレーション結果　　　　　　■EaR値（99%点）：42億円
シナリオ①：649億円　　シナリオ④：665億円
シナリオ②：656億円　　シナリオ⑤：620億円
シナリオ③：642億円

る。99％点の EaR 値（42億円）までは行かないものの、平均値からの乖離は32億円と大きくなっている。これはシナリオ⑤が、EaR 分布と比較しても、リスクの大きいシナリオであるといえる。このように、EaR 分布と比較して大きくぶれているシナリオがある場合は、以下のような考察を行う必要があろう。

① 想定した資金シナリオ、金利シナリオの想定が極端すぎないか？　現実離れしたシナリオを置いていないか？
② シナリオの設定は現実的だが、リスク管理担当者やフロント部門、経営層が把握していないリスクが存在していないか？　特に期限前返済などの非線形のリスクは想定どおりモデル化されているか？

　このように、シナリオと EaR を相互比較することにより、より精度の高いシナリオ分析、EaR 分析が可能となる。

第 6 章

流動性リスク管理の変遷と現状

金融検査マニュアルによると、流動性リスクに関して、包括的に管理・運営が可能な態勢を構築することが求められている。ここでは、①「市場流動性リスク」は、市場関連リスクではなく、流動性リスクとしての管理の枠組みが必要とされ、②流動性リスク管理を行う部門（流動性リスク管理部門、資金繰り管理部門）の役割・責任が明確にされている。

　1点目については、昨今の顧客行動の多様化、商品の複雑化などにより、流動性リスクは市場リスクのみならず、信用リスクやオペレーショナル・リスクなどのリスクとも密接に関連していると考えられることから[1]、網羅的・統合的な流動性リスク管理の必要性に対応している。また2点目は、流動性リスクにおける「企画管理部門」と「実行部門」を明確に区分し、部門間の相互牽制・協力関係によって、適切な流動性リスク管理を促していくという趣旨だと考えられる。

　また、金融検査マニュアルの全般的な特徴として、リスク管理の運営サイクル[2]（PDCAサイクル）が重視されていることがあげられるが、これは流動性リスク管理態勢についても同様である。また、経営層による流動性リスク管理態勢の整備・確立状況においては、流動性リスク管理方針を策定することが求められている。

　さらに、バーゼルⅢでは、自己資本比率規制との二本柱として流動性規制が加わった。具体的には、流動性カバレッジ比率（Liquidity Coverage Ratio：LCR）、ネット安定調達比率（Net Stable Funding Ratio：NSFR）が数値基準として導入され、国際統一基準行に対しては、LCRは2015年から施行、NSFRについても18年からの施行が予定されている。

　流動性リスクは、それが顕在化すると金融機関の経営破綻に直結するおそれのあるものである。流動性リスク管理の重要性を再認識し、今後はさらに金融機関の長期的な戦略も考慮したリスク管理態勢の構築が求められる。

---

[1] 金融検査マニュアルでは「信用リスク、市場リスク、オペレーショナル・リスク等が流動性リスクに影響を与えることを理解し」とされている。
[2] リスク管理の運営サイクルについては第4章を参照。

第 1 節

流動性リスク管理を取り巻く環境

　金融機関は公共的企業として、経済活動を行うために不可欠な資金決済・仲介機能を維持することが求められている。どのような状況においても資金を確保し、必要な資金決済を行い、法人・個人・公共部門へ資金供給を行う業務基盤を確立しておく必要がある[3]。そのため、金融機関は従前から資金決済・仲介を円滑に行うための資金流動性について「流動性リスク管理」を行ってきた。これは、公共的企業としての金融機関に求められる社会インフラ機能への対応であり、いわば受動的なリスク管理であるといえよう。

　一方、「円滑な決済」を行うための資金を確保するために、高い金利で調達して損失を出してもいいというわけではない。昨今の経済、市場環境の急激な変化、顧客行動の変化、商品の複雑化などから、従来の受動的なリスク管理だけでは適切な流動性の管理はできない。「社会インフラ」としての機能維持は最低限の制約として、自身のビジネス戦略やリスク運営方針も考慮した戦略的な流動性リスク管理が必要となってくる。

　また、流動性リスクはイベント性がきわめて強いものである。リスクが顕在化したときには、金融機関の存続危機となる可能性が高いということを再認識しなければならない。世界的にみても、古くは1998年のロシア危機時のLTCM社[4]や、最近では2007年のサブプライムローン問題の顕在化で、資金

---

[3] 全国銀行協会の行動憲章の「1．銀行の公共的使命」に「銀行は、広く預金を受入れ、企業・個人・公共部門等に対し必要な資金を供給すること等により、経済活動にとって不可欠な資金決済・仲介機能を発揮し、ひいては経済・社会の健全な発展に資するべき使命を負っている」と記述されている。

[4] Long Term Capital Management社。1990年代後半に高度な金融工学を駆使してグローバルな運用を行っていたといわれる大手ヘッジファンド。

調達難に陥ったイギリスの商業銀行（ノーザン・ロック銀行[5]）などはその一例である。

　さらには、市場リスクや信用リスク、オペレーショナル・リスクなど、他のリスクとの関連も多様化・複雑化してきており、相互情報連携などの態勢整備も必要となってきている。現在の世界的な金融緩和が終了し、金利動向が正常に戻り、金融業界の競争がますます激化していく過程のなかで、これまで以上に流動性リスクに関する分析と管理態勢の整備高度化が求められることが予想される。

---

[5] 2007年9月、サブプライムローン問題により資金繰りが悪化し、信用不安によって取付け騒ぎとなった。その後、イギリス政府によって一時国有化された。

第 2 節

経営戦略上の流動性リスク管理の目的

　ここでは金融機関の経営戦略上、流動性リスクをどのように位置づければよいのか整理を行う。流動性リスク管理の目的には、以下の3点があげられよう。
① 　資金流動性の確保
② 　市場からの信頼性の確保
③ 　金融機関のビジネス戦略に沿った流動性リスク運営
　もちろん、①の資金流動性の確保が重要なことはいうまでもない。通常時はもとより、緊急時において適時適切に流動性が確保できる態勢をつくることが重要である。
　また②のとおり、十分な資金流動性を確保することによって金融市場における自身の信頼性を維持することも、経営上大事なテーマとなる。さらに、③も重要な目的の1つであろう。
　たとえば、金融機関における短期の資金需要は、現時点での業務やポジション運営に関係があり、長期の資金需要は複数年にわたる金融機関のビジネス戦略にかかわってくるものである。一般的な金融機関においては、前者の短期的な資金ポジションの流動性・資金繰り管理は行われているが、後者の長期的なビジネス戦略に基づく流動性リスク運営の戦略まで実施しているところは少ないであろう。
　ただ、今後の金融業界の競争激化や規制強化の流れを考慮すると、長期的なビジネス戦略に伴う流動性リスクの戦略的運営も同時に重要性を増してくることが予想される[6]。
　上記①、②の観点からは潤沢に資金流動性を確保しておくほうが望ましい

が、経営の観点からは③も含めた戦略的な流動性リスク管理が求められる。

6 　金融検査マニュアル上も「流動性戦略」として「金融機関全体の戦略目標と整合的な流動性戦略を策定」することを求めている。また、G-SIBs等に向けた「「大規模で複雑な業務を行う金融グループにおける流動性リスク管理に係る監督上の着眼点（案）」の公表について」が、2014年6月に金融庁から公表されている。

第 3 節

流動性リスクの特徴

　流動性リスクは、実際にそれが顕在化したときには金融機関の経営破綻に直結するおそれがあり、きわめてイベント性の強いリスクといえる。流動性リスクは、その他のリスク（市場リスクや信用リスク、オペレーショナル・リスクなど）とは異なる性質をもっていることに留意する必要がある。

　市場・信用・オペレーショナルなどのリスク管理の基本原則は、リスク顕在化の際の損失を自己資本でカバーしようとするものである。一方、流動性リスクの場合、実際にリスクが顕在化したときの「大量の資金流出」に対しては、自己資本をリスクバッファーとする考え方だけで対応するのはむずかしい。

　たとえば、非常に自己資本が充実している金融機関であっても、保有している資産が危機的状況に陥った市場において売却できなくなる可能性もある。その場合の資金流動性の確保は非常に厳しいものになる。また逆に、自己資本が十分でなくても、売却に適した資産を多く保有していれば、流動性リスクをカバーしていると考えることもできる。このように、流動性リスクへの対応は資産・負債の流動性の特性も含めて考える必要がある。

　また流動性リスクには、リスクのヘッジ手段が限られていることにも留意しなければならない。市場リスクや信用リスクのヘッジで使用されているデリバティブ市場が、流動性リスクにはほとんど存在しない。危機的状況に備えて設定した他の金融機関による与信枠も、いざ状況が悪くなった場合は、信用リスクを考慮して与信枠を減額させられることも十分考えられる。

　以上のように流動性リスクに関しては、自己資本を充実させることによってリスクをカバーするという、他のリスク管理のアプローチとは考え方が異

なること、またリスクをコントロールする手段が限られていることを十分理解する必要がある。

第 4 節

流動性リスク管理の骨格

　流動性リスク管理は、①リスク管理の土台となる「リスク管理態勢の整備」、②実際に自身がさらされている流動性リスクの明確化、計測・分析を行う「リスクの把握・計測」、および③日常のリスクモニタリングと経営報告、リスクコントロールを行う「リスクの管理・運営」、という3つの骨格によって構成されると考えることができる（図表6－1参照）。
　以下、骨格①～③の概要について記述する。

1　リスク管理態勢の整備

　この項目はリスク管理の土台となるもので、流動性リスクに限らずすべてのリスク管理について「経営層」の関与、役割・責任の明確化が重要である

図表6－1　流動性リスク管理態勢の骨格

骨　格	具体的項目
①　リスク管理態勢の整備	・流動性リスク管理にかかわる組織運営の整備 ・流動性管理のための情報システムの構築 ・リスク要因の構造分解と定義
②　リスクの把握・計測	・バランスシート流動性分析 ・満期ギャップ分析 ・シナリオ分析とストレステスト
③　リスクの管理・運営	・リスク限度額の設定 ・モニタリングと報告・コントロール ・コンティンジェンシー・プランの策定

ことは、繰り返し強調されるところである。また、経営層に意思決定を促すためには正確なデータによる計量、分析、シミュレーションが必要であり、それをサポートする情報システムの構築も重要な課題となろう。

さらに、ここでの最も重要な作業は、流動性リスクにかかわるリスク要因を構造分解し、すべてを洗い出すことである。このリスク要因が不明確だと、リスクへの対処方法も判断できず、経営層の意思決定にはつながらない。また、もしリスク要因の洗出しに漏れがあると、担当者・経営層ともに認識していないリスクが放置されていることになる。流動性リスクが顕在化するときには、金融機関の存続そのものが危機にさらされる可能性が高いということを再認識する必要があろう。

これらの点については、本章次節以降で解説を行う。

2　リスクの把握・計測

自身がさらされている流動性リスクを明確にし、その把握と計測を行う。流動性リスクは資産・負債の両方から生じるものである。まずは自身の資産・負債（バランスシート）の構造と、それぞれのマチュリティについて分析を行い、科目ごとの流動特性について把握を行うことが重要となる。

また流動性リスクは、市場リスクや信用リスクなどと比べると、リスクを計量化するのはなかなか困難である[7]。そのため、一定のシナリオによって流動性状況を把握するシナリオ分析、ストレステストが重要な分析手法となる。シナリオ策定の際には「定量的」（ヒストリカルデータなどを使用して作成するもの）、「定性的」（経験、予想などによって作成するもの）を区分して設定することが必要となろう。

リスクの把握・計測についての詳細は、第7章で解説を行う。

---

[7]　バーゼルⅢにおけるLCR、NSFRの指標も、ある一定の仮定（みなし）を置いた数値である。

3　リスクの管理・運営

　上記で明らかとなった自身のリスク特性をベースとして、日常的に「何」を「どのように」モニタリングしていくか、またそのリスク状況を経営に対してどのように報告していくか、ということを定義し、実際に管理運営を行っていくものである。ここでは「リスク限度額」をどのような方針で決定するかが大きなポイントとなる。

　また、危機的状況となった場合のコンティンジェンシー・プランの検討と策定を行う。実際にプランが発動されたときには、リスク管理・運営者が中心的に実行することになる。

　これらの詳細については、第8章で解説を行う。

第 5 節

流動性リスク管理の組織

　ここからは、前節で記述した骨格①について詳細に検討を行う。まず本節では、流動性リスク管理を遂行するための基礎・土台となる「組織」について考察する。

1　経営層の役割・責任

　金融検査マニュアルでは、すべてのリスク管理態勢において「経営層の役割・責任」の明確化が重要視されていることは繰り返し述べているが、流動性リスクについてはさらに、「取締役は、流動性リスク管理を軽視することが、場合によっては経営破綻に直結するおそれがあることを十分に認識し（後略）」と記述されている。あえて「経営破綻に直結」という言葉が使用されているところに、金融機関の流動性リスクへの認識に対する当局の危機感が表れていると考えられよう。

　経営層が流動性リスク管理の方針策定・整備推進に深く関与しなければならないのは当然であるが、今後は長期的視野における金融機関のビジネス戦略と平仄をあわせた戦略的な流動性リスク管理の重要性が増してくるであろう[8]。

---

[8] 「「大規模で複雑な業務を行う金融グループにおける流動性リスク管理に係る監督上の着眼点（案）」の公表について」（金融庁、2014年6月）において、「流動性リスクアペタイトの設定と遵守」という項目がある。

2　管理部門の役割・責任

金融検査マニュアルでは、「流動性リスク管理部門」と「資金繰り管理部門」の2つの組織が効果的に機能することが必要であるとされている[9]。これらは、流動性リスクの「企画管理部門」と「実行部門」であるととらえることができ、この両部門が適切な相互牽制・協力関係を保ちながら効果効率的に流動性リスクの管理・コントロールを行っていくことが重要である。

(1)　流動性リスク管理部門

多くの金融機関で、「統合リスク管理部」などの総合的なリスク管理部門に、その担当が置かれているようである。流動性リスクは市場リスクや信用リスク、オペレーショナル・リスクなど、その他のリスクとも密接な関係があることが明らかになってきており、統合的な枠組みのなかで考える必要があるという認識が広まってきている表れであろう。

たとえば、債券価格の下落は市場リスクの枠組みで把握されるが、その債券が流動性リスク対応として保有している場合には、流動性のカバー率にも影響を与えるであろう。また信用リスクで管理している債務者の信用力低下の動向[10]も、当然流動性リスクに影響する。

またストレステストなどのシナリオも、流動性リスク単体のみならず、市場リスク、信用リスクなどを包含した統合的なシナリオの策定が求められるようになっている。

この部門では、流動性リスク管理の方針、規定が整備されるが、リスク把握のための重要なポイントとして、流動性リスクの要因分解と定義があげられる（詳細は第7章を参照）。すでに述べたが、リスク要因の洗出しに漏れが

9　中小金融機関などは、このような独立した部門を整備することはむずかしい場合も多いと思われるが、金融検査マニュアルでは、金融機関の規模やリスク・プロファイル（リスク特性）に応じた合理的な態勢になっていればよいとされている。

10　コミットメントライン使用率の上昇や延滞・デフォルト先の増加など。

あると、重大なリスクを見過ごすことになりかねないため、慎重な作業が求められる。また経営層による検証も十分に行われるべきである。

(2) 資金繰り管理部門

　通常は「総合資金部」など、実際に日々の資金繰り業務を行う部門のなかに位置づけられることが多いと思われる。経営層（リスク管理委員会等）で決定された流動性戦略、管理方針、管理規程などに基づき、適切に資金繰り運営を行うことが役割となる。

第 6 節

情報システムの構築・整備

　リスク管理態勢整備のなかの大きなテーマとして、「情報システムの構築・整備」があげられよう[11]。流動性リスクは、市場リスクや信用リスクなど、その他のリスクとも密接な関係があるのはすでに述べたとおりであるが、その観点からも、情報システムにおいても適切な連携を行わなければならない。

　直近の資金繰りだけを管理するのであれば、勘定系システムから取引の明細を取得し、資金満期を把握するだけでよかった。しかし、商品の複雑化や顧客行動の多様化によって、それだけでは流動性リスクの管理は不十分となっている。ローンの期限前返済情報は市場リスク管理システムから、債務者の信用力情報は信用リスク管理システムから、などのように必要となる情報が多岐にわたることが想定され、システム構築上も留意する必要があろう。

　システムの構成は、大きく「モニタリング機能」と「シミュレーション機能」の2つに分かれる。それぞれの機能に必要とされる項目のポイントは図表6－2のとおりである。

　一般的には、市場系のシステムをベースとして流動性リスクの管理を行っている金融機関が多い。これは資金の満期など、キャッシュフロー情報が最も取得しやすいからである。今後、シナリオテストやストレステストの重要性がますます大きくなっていくなかで、さまざまな要因を取り込んでシミュレーションが求められてこよう。たとえば信用リスク管理システムから、将

11　金融検査マニュアルでは、「業務の規模・特性及びリスク・プロファイルに見合った信頼度の高い流動性リスク管理システムを整備」することを求めている。

図表6－2　流動性管理システムの構成（例）

機　　能	求められる要件
モニタリング機能	・日次ベースでの流動性リスク状況のモニタリングが可能であること ・モニタリングはさまざまな切り口で行えることが必要（たとえば以下のような切り口） 　① 通貨ごと（個別通貨・全通貨集約） 　② 期間ごと（短期・中期・長期） 　③ 商品ごと 　④ 顧客属性ごと　など ・市場リスク管理など、他システムから必要な情報の連携が可能であること
シミュレーション機能	・シナリオテスト、ストレステストなどのシミュレーションが随時可能であること ・シミュレーションに必要な多数のパラメータが柔軟に設定できること ・その他のシステム（市場リスク、信用リスク、オペレーショナル・リスクなど）から必要な情報の連携が可能であること

来の延滞発生予想を取り込んだり、オペレーショナル・リスク管理システムにおける事務ミスのシナリオを取り込んだりするようなシミュレーションが行われることも予想される。

　このように、流動性リスク管理の高度化に伴い、それをサポートするシステムの高度化も重要となってくるのである。

第 7 節

今後の流動性リスク管理の方向性

　1997年のアジア通貨危機、98年のロシア危機、2007年のサブプライム危機、08年のリーマンショックなど、多くの金融機関が流動性リスクの顕在化を経験してきた。そこで培われたノウハウが現在の流動性リスク管理の基礎となっている。たとえば、流動性リスクの一律的な計量はむずかしく、シナリオテスト、ストレステストが有効であることを、金融機関は経験的に理解していよう。

　一方、リスク計測高度化の観点からは流動性リスク計量の研究が進んできている。市場リスク、信用リスク、オペレーショナル・リスクと、以前では計量が困難だと思われていたリスクについても、今日では当たり前のように計量化が行われている。リスク管理業務の標準化の観点からも、ある一定の前提によるリスク計量化は重要なテーマであろう。

　流動性リスクの計量化については、現在もさまざまな研究がなされているが、大きく図表6-3に掲げた2種類の流れがあるようである。

　今後、貸出債権の流動化市場も本格的に拡大してくれば、当然その市場における流動性リスクも大きくクローズアップされることになろう。そうなれば、信用リスクと流動性リスクを融合した管理の高度化も進み、市場での価格形成[12]に対しても、流動性リスク量が適切に反映されるようになることも十分予想されることである。

　また、もう1つの大きな流れは、前述したようなバーゼルⅢの流動性規制

---

12 たとえば、Cash Collateral alongside Contingent Financial Guarantee と呼ばれる、信用リスクと流動性リスクを明確に切り分けて取引しうる金融商品なども提案されているようである。

図表6-3　最近の流動性リスク計量化に向けた取組み

計量方法	概　要
流動性リスク計量	・流動性リスクそのものを計量しようとするもの。 ・資産・負債の資金満期のギャップ部分を確率変数として扱い、そのブレをVaRとして計量する。
流動性特性を加味した市場リスク計量	・保有ポジションを適切な価格で流動化できないリスクを流動性リスクとしてとらえ、市場リスク計量の枠組みに組み入れて計量する。

である。LCRやNSFRについては、第7章で解説を行うほか、さまざまな参考文献が出ているが、ここでは、その意味合いを考察する。

　金融危機の反省を背景として、バーゼル規制はさまざまな変更が加えられているが、そのなかでも大きな変更ととらえられているのが、LCR、NSFRに代表される流動性の数値を規制対象に組み込んだことである。繰り返しになるが、流動性リスクは、それが顕在化すると金融機関の経営破綻に直結するおそれのあるものであり、その管理の重要性は従前から認識されている。しかし、同時に流動性を数値として計測することの困難さも認識されており、数値基準の導入はバーゼルⅢまで行われてこなかったことも実情である。

　つまり、LCR、NSFRの導入は、いよいよもって、計測の困難さは認めつつも、明示的な基準による規制を行う必要性が生じているとの規制当局の認識の変化があったことを意味しているだろう。実際に、たとえばLCRは、「ストレス下において30日間に流出すると見込まれる資金を賄うために、短期間に資金化可能な資産を十分に保有しているかを表す指標」と定義され、その意味合いや重要性は非常に明白である。したがって、金融検査マニュアルや本書において記述しているとおり、本来的には、きちんとした流動性リスク管理を実施していれば、おのずと計測され、管理されているはずである。

　一方、計測方法については、本来は各金融機関の経営・流動性戦略を反映

したものであるべきであるが、規制の画一的な計測手法を導入することによる不都合は避けられないとも思われる。LCR、NSFR という考え方自体については非常に重要であり、望ましいものであるが、算出方法における分類や掛け目などについては、依然として議論の余地があるものと思われる。

しかし、現実には、統一的な LCR、NSFR という流動性指標を算出・公表・管理していくことが求められるため、今後の流動性管理においては、規制上の流動性と経済的な流動性という二重の管理が必要になってくる可能性が懸念される。

第7章

流動性リスクの把握・計測

本章では、流動性リスクを把握・計測する方法について取り扱う。前半において流動性リスクを把握するための基本的なフレームワークについて紹介し、後半ではシナリオ分析とストレステストについて触れる。

　金融検査マニュアルでは、流動性リスクは、「運用と調達の期間のミスマッチや予期せぬ資金の流出により、必要な資金確保が困難になる、又は通常よりも著しく高い金利での資金調達を余儀なくされることにより損失を被るリスク（資金繰りリスク）及び市場の混乱等により市場において取引ができなかったり、通常よりも著しく不利な価格での取引を余儀なくされることにより損失を被るリスク（市場流動性リスク）」と定義されている。

　この定義にもあるように、流動性リスクの顕在化によっても損失が生じることを認識する必要がある。ただし、流動性リスクではそのような損失を定量的に把握することは必ずしも容易ではない。ここでは、それを考察するために、まず、流動性リスクの顕在化によって損失が生じる状況を想定してみる。

　たとえば、なんらかの理由により資金の流出（預金の流出やその他の債務の返済、貸出金の増加等）が発生すると、金融機関はこの資金の流出を埋め合わせるために、資産の売却あるいは他の金融機関等への借入要請などのアクションをとることが必要となる。その際に市場が混乱していると、資産売却時に通常以上の大きなコスト[1]が生じる可能性がある。また、新たな借入れに際して、通常よりも相当に高い追加的コストが要求される可能性も考えられる。

　このようなコストこそ、まさに流動性リスクで想定されている損失であると考えられるが、このような損失を事前に特定し、損失金額を推定することはむずかしい。それは、資金確保が困難になっている状況、あるいは、市場が混乱している状況における借入コストあるいは資産売却可能価格の推定が容易ではないこと、また資金繰り（資金流出）の問題と市場流動性の問題を

---

[1] 資産の買値と売値間の格差（ビッドオファースプレッド）が通常より拡大していることが想定される。

あわせて考慮する必要もあるが[2]、それも容易ではないことによる。理想的には、発生しうる損失の定量化が望ましいが、実際問題としてはむずかしく、今後の高度化の課題の1つとして位置づけられよう。

一方で実務的な流動性リスクへの対応、特に資金流動性の管理の視点では、流動性の危機的状況を招かないための資金繰りの管理と流動性資産の管理が重視される。そのような視点での流動性リスク管理においては、資金不足がどの程度発生しうるかを把握すること、また資金不足への対応として、十分な資金調達源、つまり借入枠の確保や流動性の高い（短期間で資金化可能な）資産の保有を確保できているかを把握することなどが重要なポイントになる。

これは、市場リスク等の管理で価値の変動による損失額をリスク量として計測し、そのようなリスクへの対応として資本の十分性を確認する、というプロセスと類似しており、それとの対比で流動性リスク管理を考えると、ネット資金流出量をリスク、また資金調達可能金額をリスクに対する手当、としてとらえることもできる。ここでは、そのような視点から流動性リスクの把握・計測を論じることとする。

---

[2] たとえば、資金不足が生じていない、あるいは手持ち資金が潤沢、という状況であれば、無理に資産売却を急ぐ必要はないとも考えられるため、一時的な市場流動性の枯渇は必ずしも損失につながらない。あるいは、資金流入のミスマッチが存在していても、市場が正常に機能していて資産を適正な価格で売却することができれば、損失が顕在化しないという状況も考えられる。したがって、流動性リスクの顕在化による損失の発生時には、これら2つの問題がある程度同時発生的に生じている可能性が高いともいえる。

第 1 節

流動性リスク要因の構造分解と定義

「リスク管理態勢の整備」において、重要な作業と位置づけられるものである。流動性リスクは金融機関の資産・負債の双方から発生する可能性がある。流動性リスクを把握・計測するためには、リスクに影響を与える項目を構造分解・整理し、それぞれについて検討を行う必要がある。

1 リスク発生の要因

流動性リスクは、以下の2種類に分類することができる（定義は金融検査マニュアルより）。

(ⅰ) 資金繰りリスク

「運用と調達の期間のミスマッチや予期せぬ資金の流出により、必要な資金確保が困難となる、又は通常よりも著しく高い金利での資金調達を余儀なくされることにより損失を被るリスク」

(ⅱ) 市場流動性リスク

「市場の混乱等により市場において取引ができなかったり、通常よりも著しく不利な価格での取引を余儀なくされることにより損失を被るリスク」

上記(ⅰ)については、主に金融機関の内生的な要因（ポジションのミスマッチや信用力低下など）に起因して発生するリスク、上記(ⅱ)については主に経済や市場などの外部環境に起因して発生する外生的なリスクと考えることができる。このように、リスク要因は「内生的要因」と「外生的要因」を明確に区分してそれぞれについて検討を行うのが有効である[3]。

図表7－1　流動性リスクの発生要因（例）

要因分類	事象例
内生的要因	・自身の外部格付の低下 ・信用リスクの顕在化による大きな損失の発生 ・トレーディングポジションにおける大きな損失の発生 ・事務ミス、不正行為によるオペレーショナル・リスク顕在化による損失の発生 ・上記事象に伴うレピュテーション（評判）の低下
外生的要因	・株式暴落 ・金利急騰 ・世界的な信用収縮による金融機能の低下 ・テロ・戦争などによる市場の混乱・停止 ・規制・制度変更

　それぞれの要因としては、図表7－1のような例があげられる。

　過去の事例をみると、1990年代後半の北海道拓殖銀行や山一證券などをはじめとする大手金融機関の連続的な破綻は、信用力低下による内生的要因と考えることができよう[4]。2001年のアメリカの同時多発テロや、記憶に新しい07年のサブプライム問題を発端とする市場の混乱などは外生的要因と位置づけられよう[5]。

　また、「内生的要因」と「外生的要因」は連鎖性の強いものである。たとえば2007年夏に取付け騒ぎの起こったイギリスの商業銀行（ノーザン・ロッ

---

[3] 金融検査マニュアルでも「流動性リスクに影響を与える内生的要因及び外生的要因を特定」するというアプローチが示されている。

[4] もちろん、破綻の理由は単純なものではなくさまざまな要因が存在し、それについてはさまざまな検証が行われているが、リスク管理上のシナリオ策定作業などでは、ある一定の「決め」を置く必要があろう。

[5] サブプライム問題は、サブプライムローンを裏付けとした証券化商品の価値が低下したことを発端として、証券化商品全般に対する過剰な不信感が拡大したことが大きな要因であった。誤解してはならないのは、証券化商品そのものが問題なのではなく、その商品を評価・管理する態勢が十分ではなかったという点が大きな問題だったということである。その観点からは、一概に外生的要因と決めつけられず、少なからず内生的要因も含まれていると考えることもできる。

ク銀行)のケースは、「外生的」なサブプライム問題が発端となり、さまざまな要因が連鎖的に絡み合って、当該金融機関の「内生的」な信用不安につながっていった例だといえよう。このように、相互に連関しながら複合的に顕在化するリスクについても注意が必要である。

2 リスク顕在化までの期間

リスクが顕在化するまでの期間の想定を行う。短期・中期・長期レベルでの想定がリスク管理上有効と思われる[6](図表7－2参照)。

3 要因の影響レベル設定

上記「リスク発生の要因」と「リスク顕在化までの期間」の組合せごとに、流動性に対してどの程度の影響が想定されるのか、そのレベルの設定を行う(たとえば「大、中、小」)。

図表7－3のように、リスク発生要因とリスク顕在化までの期間をマト

図表7－2 リスク顕在化までの期間の設定(例)

期間	目安	リスク顕在化の状況
短期	1～5日程度	市場の暴落(ブラックマンデーなど)によって影響が短期間に顕在化する状況。
中期	5日～1カ月程度	短期ほどでもないが、1カ月以内にはリスクが顕在化する状況。自身に対しての否定的な噂などによる信用力低下などが想定される。
長期	1カ月以上	顕在化までにある程度時間がかかる状況。外部格付の格下げなど、直後の影響は少ないが、徐々に影響が出てくると想定されるもの。

---

6 前述した金融機関のビジネス戦略に即した長期的な流動性リスク戦略を検討する場合は、さらに長期間の設定が必要となろう。

図表7－3　要因の影響レベル設定（例）

リスク発生要因		リスク顕在化までの期間		
内・外	具体的事象	短期	中期	長期
内生的	外部格付低下	小	中	大
	内部不正発覚	大	大	中
	⋮	⋮	⋮	⋮
外生的	株式暴落	大	大	中
	金利急騰	大	大	中
	⋮	⋮	⋮	⋮

リックスにして整理を行い、それぞれについてリスク顕在化への影響度合いを設定することによって、効果的な対応方針の策定が可能となる。

　たとえば期間が「短期」「中期」あたりで影響度合いが「大」であれば、いわゆる「コンティンジェンシー・プラン」を策定しておくことが望ましいといえよう[7]。期間が短いと、リスクが顕在化してから経営会議などで意思決定を諮る時間はなく、あらかじめ決められたコンティンジェンシー・プランに沿って担当者がすみやかに行動を起こせる態勢を整備しておくことが重要である。

　影響度合いが「大」であっても、リスク期間が「長期」であれば、その間に経営会議に諮る時間的余裕があるため、その会議で対応方針を協議すればよいことになる。

　このように、リスク発生要因と顕在化までの期間について整理を行っておくことは、その後の効果効率的なアクションを検討するための重要な材料となる。

　以上、「流動性リスク管理態勢の整備」について俯瞰し（第6章）、流動性リスクの要因分析とレベル設定まで行った（図表7－4の点線部分）。これ以

---

[7] コンティンジェンシー・プランの策定についての詳細は第8章で解説する。

図表7-4　流動性リスク管理の構造分解

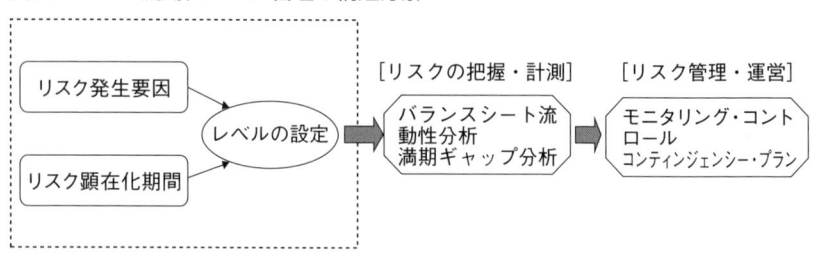

[リスクの把握・計測]　　[リスク管理・運営]

リスク発生要因　→　レベルの設定　→　バランスシート流動性分析／満期ギャップ分析　→　モニタリング・コントロール／コンティンジェンシー・プラン

リスク顕在化期間

降、リスクの把握・計測を行い、実際の日常のリスクモニタリング・コントロールとコンティンジェンシー・プランの策定というリスク管理・運営（第8章）へ議論を展開させることとする。

第 2 節

流動性リスクの基本的評価手法

1　流動性リスクの把握

　流動性リスクを把握するための手法にはいくつかのバリエーションが存在するが、ここでは、例として2つの手法について紹介する。1つ目は「バランスシート流動性分析」であるが、これは比較的簡易な方法であり、大雑把なリスク把握手法といえる。もう1つは、「満期ギャップ分析」であり、将来の資金流出入を把握することによって将来の資金過不足を定量的に分析する。

　満期ギャップ分析では、種々の不確定的要素を推定するためのシナリオ設定あるいはモデル化が必要になるが、発展的課題として、たとえば内包されたモデル（預金者行動モデル等）を高度化することによって、より精緻な分析が可能になる。

　この満期ギャップ分析を用い、シナリオを設定することによりリスクの程度を把握し、またストレス状況の仮定条件を設定することによりストレステストとしても活用できる。シナリオの設定およびストレステストについては、第3節でより詳細に検討する。

2　バランスシート流動性分析

　バランスシート上の資産と負債・資本のそれぞれの項目について、資産の流動性という観点と負債の安定性[8]という観点をあわせて分析し、バランス

シート全体としての安定性（流動性確保の度合い）を評価する手法である。ここでの表現として、より正確には「資産」は資金の運用先を意味し、「負債」は資金の調達源を意味する。したがって、資本も１つの資金調達源であり、広い意味で「負債」の範囲に含めている場合もある。

この分析の背景にある基本的な考え方は、安定性の高い負債は流動性の低い資産で運用することが可能であるが、安定性の低い負債は、流動性の高い資産によってカバーされているべきであるという、流動性を基準にした資産・負債バランスの視点である。その意味では、市場リスクにおけるALMの視点とは異なることに注意しておきたい。

市場リスクの管理では、デュレーション（金利感応度）が重要なリスク要素の１つであり、資産・負債のデュレーションの乖離に注意を払うが、流動性リスク管理では、資産・負債の満期と流動性（売却や担保としての活用の容易さ）が重要な要素になる。たとえば変動利付の長期債券のデュレーションは非常に短いため、短期借入れや普通預金等と統合したALM上の金利リスクは小さいといえるが、変動利付債の流動性が低い場合には流動性リスクの源泉となりうる。

以下では、資産・負債のそれぞれについて、特性を評価するうえでの留意点を整理する。また、ここでの考え方は、後述のLCR、NSFRでとられている基本的な考え方とも整合的である。

(1) 資　　産

資産については主にその流動性、すなわちどの程度の容易さをもって換金可能であるかを評価することになる。換金可能性には、当該資産の売却による資金化と当該資産を担保にした借入れの両方の可能性が含まれる。したがって、該当する資産の流通市場および担保借入市場（レポ市場等）の厚み

8　ここでの「負債の安定性」とは、資金調達源としての安定性を意味する。たとえば、いつ返済を要求されるかに関して不確実性が高く、短期間で流出するおそれがある負債は、安定性が低いといえる。

と資産価値の変動性、および資金化に要する時間がポイントになる。

a　流動性の評価

資産の流動性の評価は、当該資産を売却できる市場が存在するか、市場の厚みはどの程度か、実際の取引がどの程度行われているか、売却に要する時間はどの程度か、売却（あるいは担保借入れ）するための要件は何か、などの要素から判断されることになる。

日本国債は、売却可能な金額、売却に要する時間、借入れのための担保としての適合性、などの観点からは国内市場では最も流動性の高い資産といえる。ただし、会計上の分類として満期保有目的としている場合には実質的に売却が不可能であるほか、すでに借入れやデリバティブの担保として提供されているものについても流動性のない資産として分類する必要がある。

株式の流動性は銘柄にもよるが、時価総額の大きい銘柄の株式については、売却の容易性・市場の厚み・売却に要する時間という点からは流動性はある程度高い傾向がみられる。ただし、政策保有株式については当該企業とのリレーションの観点から、売却の理解を得るなどの手続が必要となる場合も想定されるため、実質的な流動性は低い。

社債は、実際の流動性は銘柄によって異なり、発行企業の信用力と発行・流通量によるところが大きい。信用力の低い銘柄については、売却可能な金額が限定されたり、売却時のコスト（ビッドオファースプレッド）が大きかったりする場合があるなど、注意が必要である。また証券化商品や仕組債では、さらに流動性が低い場合もある。

ローン（貸付金）の流動性は限定的といえる。一般的に、ローンの譲渡に際しては、借入人への通知や承諾が必要になることや、購入者が限られることなどから、売却可能な金額あるいは売却に要する時間の観点からは流動性は相対的に低い。企業向け貸付金では近年、シンジケートローン市場の発展により、契約書や売買手続の定型化も進み、流通市場も拡大しつつあるが、いまだ十分な流動性があるとまではいえない。

一方、住宅ローンを担保とした住宅ローン担保証券（RMBS：Residential

Mortgage Backed Securities) は、住宅金融支援機構 (旧住宅金融公庫) や銀行、ノンバンクなどが組成・発行することにより、規模は拡大してきている。また欧米市場においては、日本よりも流動性は高いとされている[9]。ただ、これらの証券化手法によりまとまった金額を調達できる可能性はあるが、証券化商品の組成にはある程度の時間を要するため (発行実績のある資産クラスで1カ月以上程度)、短期間での資金調達には適していない。

b　市場価格と変動性の把握

分析に用いる金額はバランスシート上に計上されている簿価ではなく、基本的には市場価格ないしは市場価格と整合的に評価された経済価値を用いて考えるべきである。これは、資金確保のために売却する、あるいは担保価値として評価される際には、市場価格あるいは経済価値が考慮されるためである。その意味においては、価値の変動性 (価格リスク) が存在する資産である場合には、そのようなリスクも考慮した評価額を用いることが望ましい。

実際に売却しようとする時になって、売却価格が下ブレしている可能性があるならば、そのような価格リスクをあらかじめ考慮した価値設定をしておくことが考えられる。具体的には、それぞれの資産項目について、その価格変動性 (ボラティリティ) や売却時のコスト等を考慮したヘアカット水準を控除したうえで、金額評価を設定しておくことが考えられる。

(2) 負　債

負債については主に資金調達源としての安定性 (返済までの期間やオプション性) を評価することになる。

a　リテール預金

リテール預金では、通常、預金者がいつでも資金を引き出す (普通預金の場合)、あるいは解約する (定期預金の場合) 権利を有していることに注意が必要である。普通預金 (流動性預金) は満期の設定がなく、いつでも引出し

---

[9]　アメリカの連邦住宅抵当公庫 (ファニー・メイ) が発行する住宅ローン担保証券などが代表例である。

可能である一方、全体としてはある程度安定的な残高が期待できる。そのような安定的な残高としてのコア部分[10]を推定することが必要になる。

定期預金については、満期が設定されているものの、預金者による解約は常時可能であるため、安定性をもった残高（定期預金コア残高）を設定するためには預金者の解約行動を推定する必要がある。バランスシート流動性分析での目的は、預金残高のうち安定性が高いと思われる金額を推定することであり、必ずしも資金流出量やそのタイミングまでを推定するモデルである必要はないが、過去の残高推移実績などを考慮して推定を行う簡易的なモデルを検討することが望まれる。

また、特に残高の大きい預金（残高1,000万円を超える部分）については、預金保険の対象にならないことから小口預金とは異なる特性も考えられるため、別途検討することが望ましい。

b 法人預金

法人預金は、リテール預金と比較して、景気動向や市場環境、金融機関の信用力などに対してより敏感に反応する可能性が想定される。法人については金融機関とのリレーションに基づく安定性という考慮がありうる一方で、残高の大きい法人預金は、金融機関の信用力と運用の有利性についてはより敏感であることも考慮して、残高を推定する必要があろう。

c 安定性の高い資金調達源

その他安定性の高い資金調達源としては、資本や劣後債・劣後ローンといった資本性の資金と中長期の借入れや発行債券などが考えられる。

---

[10] バーゼル規制の「第2の柱」におけるアウトライヤー基準では、金利リスク量計測のために「コア預金」の概念が導入されている。これは金利リスクを計量するためのものであり、預金金利と市場金利の変化のラグを考慮して中長期の満期における残高が推定される。一方、流動性リスクで推定する必要のあるコア預金は、より短期（1日からせいぜい1年以内）を対象とした残高である。また、金融機関の信用力低下や市場環境の変化などストレス状況における残高を予想することがより重要な視点になる。そのような残高の予想は必ずしも容易ではないが、シナリオに応じた残高推定、残高推定モデルを構築する、などの方法が考えられる。残高に影響を与えうるパラメータとしては、預金金利と市場金利の差異や金融機関の信用力、競争環境、マクロ経済動向などが考えられる。

d　銀行間市場

　銀行間での借入れは、通常時は低利かつ比較的大きな金額での調達が可能であるものの、流動性危機時にどの程度の安定性（ロールオーバーや新規調達の可能性）が保持されるかは不確定要素があるため、過度な依存には注意が必要である。

(3) 資産・負債のバランス評価

　資産・負債のそれぞれの項目について安定性を考慮した分類を行い、資産・負債の流動性バランス評価を行う。図表7－5はその評価を単純化したイメージ図である。流動性の高い資産の金額が、安定性の低い負債（すなわち短期間で流出するおそれのある負債）の金額を超過していることが望ましい。その超過の度合いをみて流動性リスクの程度を評価する方法である。

(4) バランスシート流動性分析の留意点

　バランスシート流動性分析を行う際にはいくつかの留意点が存在する。ここでは主要な課題や論点をあげる。

a　キャッシュフローの発生タイミング

　バランスシート流動性分析では、キャッシュフローがいつ発生するかとい

図表7－5　資産・負債の流動性バランス評価のイメージ

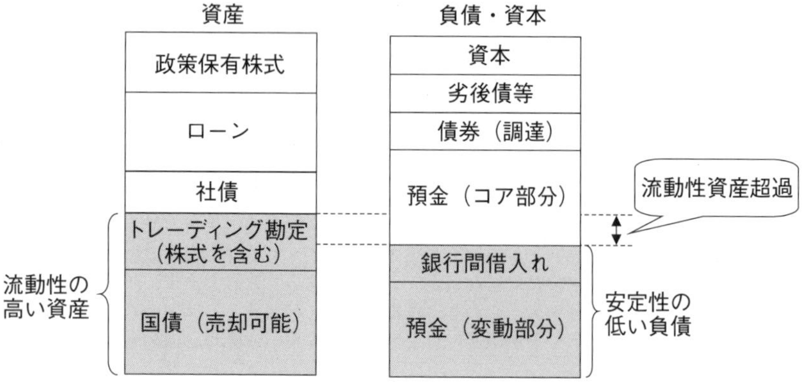

う時間の概念は明示的には示されていない。したがって、いつの時点においてキャッシュ不足が生じうるかを特定することはできない。

b オフバランスシート項目

コミットメントラインやデリバティブなど、オフバランスシート項目に係るキャッシュフローが認識されていない。コミットメントラインでは潜在的な資金流出（企業による資金借入れの実行）の可能性があり、契約残高が大きい場合には流動性リスクを検討するうえで無視できない。その場合には資金引出しの可能性を考慮したうえで、バランスシート流動性分析に加えることが考えられる。

デリバティブ契約は受取り・支払の差額キャッシュフローが生じ、また金利（LIBOR）等の指標の変動によってキャッシュフロー自体も変動する。また、市場環境（金利、為替、株価等）の変化に伴い、デリバティブ契約の価値は変動するが、債務ポジション（いわゆる負けポジション）になっている場合には担保提供義務（資金同等物の流出）が発生することにも留意する必要がある。

c 外貨ポジション

上記の分析例では外貨資産・負債を特に考慮していないが、外貨建ての資産・負債については、原則的には通貨ごとに分けてリスク分析を行う必要がある。外貨調達は通貨ごとに異なる市場において行われ、流動性の状況はそれぞれで異なりうることに注意が必要である。

円資金における流動性余剰がある場合には、その資金を為替市場で外貨交換することも可能[11]ではあるが、その場合は当然ながら為替リスクが発生する。外貨調達に伴う外貨運用を行っている際には、円資金とは別に流動性リスクの状況を確認することが必要になる。なお、金融検査マニュアルでは、「拠点・通貨毎に流動性リスクを管理する」ことに加え、「それぞれの流動性

---

11 ただし、外為市場の流動性が高くないような通貨では、必ずしも迅速な交換が可能ではない場合もありうるので注意が必要である。

リスクを統合して管理しているか」との文言が示されている[12]。

3 満期ギャップ分析

「満期ギャップ分析」では、資産・負債から発生する将来の資金流出入を把握することによって将来の資金過不足を定量的に分析する。

この分析の最初のステップでは、資産・負債の契約上あるいはモデル上のキャッシュフローを設定（マチュリティラダーを構築）し、ネットの（正味の）資金流出量を算出する。本章の冒頭で論じたように、このネット資金流出量は、流動性リスク管理におけるリスクとしてとらえることもできる。

一方で、資産売却や新規の借入れ等の可能性を分析することによって資金調達可能額を推定する。この資金調達可能額は上記のリスク（ネット資金流出量）に対するバッファーとして機能する。

このネット資金流出量と資金調達可能額の相対比較を行うことによって、流動性リスクの観点における健全性の度合いを評価・把握することになる。

(1) マチュリティラダーの作成

マチュリティラダーは、各資産・負債から発生するキャッシュフローを時間軸に応じて割り当てることによって作成する。

各資産・負債からのキャッシュフローについては、金額および発生タイミングについて、確定的なものと確率的に変動するものが存在することに注意する必要がある。たとえば、固定金利の債券やローンについては、キャッシュフローの金額についても発生タイミングについても確定的である[13]が、変動金利型の債券やローンでは発生タイミングは決まっているが、金額は将来の金利の動きに応じて変動する。また、流動性預金の流出入やコミットメ

---

[12] また、金融庁の「平成26事務年度　金融モニタリング基本方針」においても、主要行等に対しては「海外拠点等を含めたグループ・ベースでの（中略）外貨等の流動性リスク管理に関し、適切な管理態勢が構築されているか、検証する」と記載されている。
[13] デフォルトや延滞の発生によるキャッシュフローの変動を考慮しない場合。

ントラインの引出し等は、その発生のタイミングも金額も不確定である。

　キャッシュフローの金額とタイミングについて確定的である資産・負債については、契約上の支払日と金額（利息および元本）に応じてマチュリティラダーを作成する。

　金額やタイミングが不確定である項目については、それらを推定する必要がある。金額やタイミングを推定するための1つの方向性としては、シナリオ分析があげられよう。シナリオ分析では標準シナリオとストレスシナリオを設定することによって、流動性リスクの程度を見積もることになる。具体的な方法については、次節でより詳しく検討する。

　金額やタイミングを設定するためのもう1つの方向性としては、不確定要素を含む金融資産・負債のキャッシュフローに関するモデルを構築する方法があるが、項目によってはモデル化も容易ではなく、仮にモデル化した場合でも、それなりに大きなモデルリスクも想定されるため、使用に際しては注意が必要になる。

　マチュリティラダー作成上の類型（選択肢）として、将来発生する契約（新規預金流入や新規ローン等）を考慮する場合としない場合に分けられる。そもそもの目的が資金流出時のリスク把握であることと、モデル構造やパラメータの推定が複雑化することから、新規の預金流入やその他の新規借入れ等を考慮することは必ずしも必須ではない。ただし、預金については既存の預金からの流出を考慮すること、また貸付については営業を継続するうえで不可欠と想定される新規貸付（継続が要求される企業貸付や新規の住宅ローン等）を考慮することが現実的であるといえる。

　図表7-6は、マチュリティラダーの例である。ここでは資金流出入の項目ごとに時間軸に沿って金額を推定している。また資金調達可能額の項目では、追加的に実行可能な資金調達金額を実行可能な時間軸に応じて推定している。

　資金流入と資金流出をあわせたネット累積資金流出金額を資金調達可能額（累積）と比較することによって資金流動性の程度を評価することになる。

流動性リスクの１つの分析手法として、さまざまな流動性環境のシナリオを設定して分析することが考えられる。

図表７－６は、そのうちの１つのシナリオにおける資金流出入と資金調達を示したものであり、一定の流動性危機シナリオを表している。たとえば預金の流出が継続的に発生し、また無担保借入れは不可能になっているといっ

図表７－６　マチュリティラダー例

(億円)

資金流出入項目	１日後	３日後	１週間後	２週間後	１カ月後	３カ月後	６カ月後	12カ月後
普通預金（流出）	−15	−15	−15	−15	−10	−10	−5	−5
定期預金（流出）	−10	−10	−10	−10	−15	−15	−10	−10
住宅ローン（返済および新規）	0	0	2	2	4	5	5	10
企業向けローン（返済および新規）	1	1	4	4	12	10	15	10
債券（既存保有からの元利流入）	0	0	1	1	5	10	10	10
デリバティブ	0	0	−3	−2	−2	−1	0	0
ネット資金流出	−24	−24	−21	−20	−6	−1	15	15
ネット累積資金流出	−24	−48	−69	−89	−95	−96	−81	−66

資金調達項目	１日後	３日後	１週間後	２週間後	１カ月後	３カ月後	６カ月後	12カ月後
現金	40							
無担保借入れ	0	0						
証券（売却・担保借入れ）		20	20	20				
ローン資産売却等			5	5	10			
証券化よる調達							20	20
資金調達可能額（当期間）	40	20	25	25	10	20	20	0
資金調達可能額（累積）	40	60	85	110	120	140	160	160
ネット資金ギャップ	16	12	16	21	25	44	79	94

た状況を仮定している[14]。

なお、前述のバランスシート流動性分析の項でも留意点としてあげたが、満期ギャップ分析においても、通貨ごとに分析を行う必要がある。

(2) 資金流入および資金調達可能額推定上の検討項目

ここでは、マチュリティラダー作成のうえで、留意すべき主な項目をあげる。

a 金　利

将来の金利水準を予想して設定する。金利水準は変動金利型の債券・ローン・負債・デリバティブについて発生するキャッシュフローを推定するために使用されるほか、後述する預金残高推定（預金者行動モデル）にも影響を与えるファクターである。

将来金利の予想値を設定するに際しては、①金融機関としての予想値を用いる、②市場金利の期間構造から算出されるインプライド・フォワード・レートを参考に設定する、などが考えられる。また、金利の変動性については、過去の金利変動性（ボラティリティ）を用いたり、金利オプション価格から推定されるインプライド・ボラティリティを参考にする、などが考えられる。

b 預金残高推定

流動性預金や定期預金については本章第2節2(2)でも述べたが、残高推定あるいは解約動向についてシナリオを設定するか、モデル化を行うことが考えられる。前述の際には、預金残高の安定度を推定することが目的であったが、ここでは、時系列に預金流出量を推定することも含めた残高推定が必要になる。平常時の推定では残高を一定と置くことも考えられるが、流動性リスクを測るという観点からは、さまざまな視点からどの程度の流出がありうるのかを推定する必要がある。

---

14 これは内生的要因（金融機関固有の要因）による危機的シナリオを示す。

シナリオの設定あるいはモデルの構築に際しては、過去の（他金融機関も含めた）預金残高推移を考慮するとともに、景気動向や市場環境、金融機関自身の信用力、他金融機関や他商品（投信や債券など）との競争状況などの要素を組み込んで分析することが考えられる。

c　保有有価証券による資金流入

債券については、契約に応じた金利あるいは元本の償還を確定的資金流入として認識する。一方、流通市場が発達している債券（特に国債）については相対的に流動性が高く、短期間に資金化が可能であり、資金調達可能額としてカウントすることができる。資金化は売却あるいは証券を担保にした借入れによって実現される。また、すでに述べたが、会計上、満期保有目的に分類されている債券やすでに担保提供されている債券については、売却等による資金化が実質不可能なものとして扱う必要がある。

株式については、市場での売却による資金化が想定されるが、市場の厚みは市場ごとあるいは銘柄ごとに異なるので、それに応じて資金化までにかかる時間軸を設定する。また政策保有株式について、顧客からの承諾を得る必要がある場合には、実際の資金化までに相応の時間を要することが想定されるので注意が必要である。

保有有価証券の流動性分析上の評価額に関しては、前述のバランスシート流動性分析において資産の留意点としてあげた「市場価格と変動性の把握」がここでも当てはまるので留意したい。

保有有価証券については、利息・配当や元本の償還を資金流入としてカウントする一方、売却等による資金調達可能額としてもカウントする場合には、ダブルカウントにならないように注意する。

d　企業向けローン

企業向けローンの短期貸付において、ロールオーバー（借入れの継続）が想定されている場合には、資金流出入の設定上も契約上の満期ではなく、現実的なロールオーバーを考慮した満期設定を行うことが必要になる。顧客とのリレーションシップによっては、ロールオーバーを一方的に拒否すること

は現実的ではない場合もある。

　企業向けにコミットメントラインを供与している場合には、ラインの引出し（借入れの実行）に関する仮定を設定する必要がある。

　また企業向けローンにおいては、貸付先の信用リスクにも注意が必要である。与信先の内部格付水準ごとに支払遅延の可能性を考慮したうえで資金流入金額を仮定するべきと考えられる。

e　その他の項目

　個人向けのリボルビングローン等については、与信枠の範囲で新たな借入れ（資金流出）が増加する場合が考えられる。過去の残高変動などを分析したり、ファクターモデルを構築するなどの方法によって資金流出入を推定したりすることが考えられる。

　住宅ローンは、通常債務者が期限前返済の権利を有しており、返済時期について不確定要素が存在する。契約どおりの返済期日との比較では、金融機関にとって資金流入が早まる場合だけであるので流動性の点では問題ないが、一定の期限前返済を織り込んだキャッシュフローをベースケースとしている場合には、外部環境（金利や景気等）の変化に伴う期限前返済動向（資金流出入）の変化には注意が必要となる。

第 3 節

シナリオ分析とストレステスト

　前節の満期ギャップ分析では、資産・負債の各項目について資金の流出入金額と発生タイミングを設定することによって、期間ごとのネット資金流出量を推定した。流動性リスクは危機的状況においてこそ顕在化するものであり、平常時の資金流出入を把握するだけではリスク把握が十分になされているとはいえない。したがって、流動性リスクの把握では、市場リスク等のリスク量分析にもましてストレステストの重要性が高いといえる。

　ストレスシナリオを設定して分析を行うことによって、金融機関あるいは市場に強いストレスが生じた際、金融機関の流動性にどの程度の変化が生じうるのかを確認することができる。また、その結果を参考にして、流動性を原因とした大きな損失の発生や破綻を回避するためにどのような対策を講じるべきかを検討することができる。

　本節では、ストレステストについて、特にシナリオを用いたストレステストを中心に説明する。適切なストレスシナリオを設定することができれば、たとえば前節の満期ギャップ分析にそのようなストレスシナリオの前提を設定することによって、ストレス時における資金流出入状況を把握することができる。

(1) ストレステストの種類

　市場リスク管理におけるストレステストについては、第2章、第3章でも説明したが、流動性リスク管理においてもストレステストの種類は基本的に同様である。まず、ストレステストはセンシティビティ・ストレステストとストレスシナリオによるストレステストに分類される。さらにストレスシナ

リオは、過去に起こった事例をもとにシナリオを設定するヒストリカルシナリオと起こりうるシナリオを仮想的に設定する仮想シナリオに分かれる[15]。

a センシティビティ・ストレステスト

センシティビティ（感応度）・ストレステストでは、ある単一のリスクファクターの変化に対して、流動性にどのような影響が生じるかを分析することになる。市場リスク等の分析においては、多く活用されている方法であるが[16]、流動性リスクの場合には、さまざまな要素による複合的な影響が重要と思われるため、この方法による分析結果は限定的な情報にとどまると思われる。

b シナリオによるストレステスト

シナリオによるストレステストでは、流動性危機が生じている状態についてのシナリオをさまざまな要素について設定する。ストレステストは、めったに生じないイベントではあるものの、起こりうる危機的事態において流動性にどのような変化が生じうるのかを検証することが目的である。したがって、あまりにも非現実的なシナリオでは意味がない一方、甘い仮定を置いても本来の目的は達成されない。そのため、いかに現実感のあるシナリオを設定できるかが重要なポイントになる。

その意味では、過去に生じた事例に応じて設定するヒストリカルシナリオは現実性がある一方で、個別の金融機関のみの経験範囲内で適切なシナリオが設定できるとは限らない。よって、他の金融機関で過去に起こった事例を参考にすることが考えられる。ただしその際には、他の金融機関での事例が自身に適したシナリオになっているかどうかには注意が必要である。

仮想シナリオは、個別の金融機関の置かれた環境等を考慮して任意に設定することになるが、現実的でないシナリオ設定になってしまうとリスク計測結果への信頼性を損ねることにもつながるので注意したい。過去の事例を参

---

15 マクロ経済シナリオを使用した、統合的なストレステストのなかに流動性リスクを対象として分析されることも多くなってきている。
16 たとえば、アウトライヤー基準における銀行勘定の金利リスク量の評価など。

考にしつつ、説得力のある仮想シナリオを設定することが重要である。

(2) 流動性ストレスシナリオの分類

　過去におけるストレス状態（危機的状況）を振り返ると、実にさまざまな要因によって引き起こされており、その波及の過程も類似点は多く存在するもののバリエーションに富んでいる。2007年に発生したサブプライム問題においても、信用力の高いと思われていた（実際、格付も高かった）MBSやABCP[17]の流動性が大きく損なわれ、価格も大きく下落した結果、世界の市場に大きな影響を与えた。

　後講釈としてのさまざまな解説やコメントはみられるが、危機の起こる1年前にこのような状況を予期することは容易ではなかっただろうと思われる。ストレスシナリオの設定に際しては、さまざまな金融商品や市場構造の知識・理解とともに、想像力を働かせることも重要であるといえよう。

　流動性リスクが顕在化する状況は大きく分けると、内生的要因、つまり金融機関固有の危機的状況による場合と、外生的要因、つまり外部環境の大きな変化（特に市場全体の混乱）による危機的状況による場合がある。ストレスシナリオを設定する際にも、この2つの状況を意識して設定することが望ましい。以下では、それぞれについて起こりうる状況や考慮すべきポイントを説明する。

a　内生的要因による危機的シナリオ

　内生的要因による危機的シナリオは、金融機関固有の要因による危機的状況を示している。たとえば、金融機関に大きな損失が発生する、あるいは格付機関による格下げが実行される、などが引き金となり、当該金融機関の株価の大幅な下落などを伴いつつ、市場における信用を損なうことによって内生的要因による危機的シナリオが引き起こされると考えられる。

　このような状況においては、銀行間市場あるいは資本市場からの無担保資

17　Asset Backed CP＝資産担保CP。

金調達は困難になり、流動性預金の流出や定期預金の解約などが顕在化する。特に、預金保険の対象にならない預金の流出動向には注意が必要となる。

b　外生的要因による危機的シナリオ

外生的要因による危機的シナリオは、市場全体に影響を及ぼす危機的状況であり、さまざまな要因で発生しうる。発生の要因やその後の波及状況にもよるが、危機的状況で生じる変化としては、たとえば、金利や為替水準の大きな変化、株価の大きな下落、信用スプレッドの大幅な拡大、流動性の低い金融商品の取引不成立、などの状況が生じうる。また資本市場では、質への逃避（Fly to quality）が発生し、リスクの高い資産が売られて信用力の高い債券（主に国債）が買われるという状況も往々にして発生する。このような状況においては、特に信用力の低い資産や株式などの大幅な価格の下落や、貸付先からの元利返済の遅延などの発生に注意が必要である。

流動性の観点では、流動性の低い資産の売却が困難になる、あるいは売却に際してのコスト（ビッドオファースプレッド）が大きくなる、などの状況が懸念されるほか、顧客企業に対して供与しているコミットメントラインからの引出しが増加する可能性についても考慮する必要がある。

c　複合的要因による危機的シナリオ

外生的要因と内生的要因が複合的に発生する結果として生じる状況も、現実的に発生しうるシナリオとして考えられる。たとえば、市場の混乱によって金融機関が保有する資産価値が大きく減少し、その結果として金融機関の信用力の低下が引き起こされるようなケースがありうる。サブプライム問題やリーマンショックを発端とした市場混乱のなかで、一部金融機関で起こった流動性問題はまさにこのような状況であったとも考えられる。

(3) シナリオに基づく分析のプロセス

ここでは、ストレスシナリオを用いたリスク分析の一連のプロセスを概観する。

a　シナリオの設定

シナリオの設定に際しては、単一のシナリオのみではなく、複数のシナリオを設定する。1つの設定の分類は、先に述べたように、内生的要因（金融機関固有のストレス状態）と外生的要因（市場全体のストレス状態）に分けて（あるいはそれらの複合もあわせて）設定するものであり、もう1つはストレスの程度に応じて複数の段階（レベル）に分けて設定することが考えられる。

ストレスのかかっていない状態のベースケースとして平常時があり、それ以外に2～3の段階に分けることが考えられる。金融検査マニュアルでは、逼迫度区分として、「平常時」「懸念時」「危機時」という分類が例示されている。

b　流動性リスクの把握モデルの構築

流動性リスクの把握モデルとしては、たとえば前節で述べた満期ギャップ分析のモデル（マチュリティラダーモデル）などが考えられる。上記で設定されたシナリオに応じて各資産・負債からの資金流出入を推定し、モデルに入力することによって分析を行う。ストレス状態における資金流出入の変化や資金調達可能額への影響として、たとえば以下のような事項が考えられる。

・外部からの新規借入れによる流入はきわめて限定的になる。
・ストレスの程度に応じて預金の流出が想定される。
・保有する資産（株式・社債等）の価値が下落する（資金調達可能額算定上の金額減少）。
・証券の流通市場の厚み（取引量）が減少し、売却までの時間が通常よりも長くかかる。
・貸付先からの元利返済が遅延（あるいはデフォルト）する。
・金利や為替等の市場環境の変化に伴うデリバティブ契約の価値の変化によって、担保の差入れが必要とされる場合がある。
・コミットメントラインの使用（引出し）率が上昇する。

c　流動性リスクの評価

モデルからは、シナリオごとに時系列的なネット資金流出量および資金調

達可能額が計算される。リスクの評価としては、ネット資金流出量がどの程度の規模であるか、また資金調達可能額によってどの程度カバーされているかを確認する。また、流動性リスク（ネット資金流出量）が設定されている許容範囲（限度枠）を超える可能性があるかどうかを確認する。

d　必要な対策の検討

ストレステストの結果に基づく流動性リスクの程度を経営に報告するとともに、必要に応じて対応策を検討することになる。流動性リスクに対する対策の実行（たとえば安定資金として長期社債による資金調達や借入枠の設定、流動性の低い資産の流動化実行）は、危機的状況が発生してから検討していたのでは間に合わないことがありうるため、常に早めの対策を講じることが重要である。

また、緊急時における資金調達対策や報告等の手続も含めたコンティンジェンシー・プランの策定においても、ストレスシナリオの設定と活用が求められる。流動性リスクのコントロールやコンティンジェンシー・プランの作成など、詳細は次章で説明する。

第 4 節

流動性規制との関係

　前節までにおいて、流動性リスクの基本的評価手法を整理したが、これはバーゼルⅢの流動性規制（LCR、NSFR）とどのように関連してくるのであろうか。誤解を恐れずにいうと、「バランスシート流動性分析」がLCRに対応し、「満期ギャップ分析」がNSFRに対応していると考えることができる。これは、何も偶然ではなく、流動性を管理するということを考えた場合、おのずと押さえておくべき重要なポイントは決まってくるということである。

　したがって筆者は、原理原則にのっとった流動性リスク管理態勢が構築されていれば、LCRやNSFR等に代表される流動性規制もおのずと満たされると考えている。しかし規制では、比較検証のために画一的な分類方法や掛け目を採用せざるをえない面もある。内部管理としての経済的な流動性リスクと規制上の流動性リスクが乖離してしまう可能性もゼロではないと考えられる。以下では、規制上の指標であるLCR、NSFRについての概略を整理しておく。

(1) LCR

　LCRは、「ストレス下において30日間に流出すると見込まれる資金を賄うために、短期間に資金化可能な資産を十分に保有しているかを表す指標」である。バーゼル銀行監督委員会は、2010年12月に公表したバーゼルⅢにて、新たにLCRをバーゼル規制に加えた[18]。また、金融庁は、国際統一基準行に

18　2013年1月7日、バーゼル銀行監督委員会は、流動性カバレッジ比率の改訂版を公表。

対して、流動性カバレッジ比率に係る告示を14年10月に行い、15年3月31日から適用している。

LCRは、「適格流動資産」を「30日間のストレス期間に必要となる流動性」で除した比率を100%以上とする旨を定めている。

LCR＝適格流動資産÷30日間のストレス期間に必要となる流動性≧100%

具体的には、分子・分母を以下のように算出することとなる。

LCR＝算入可能適格流動性資産の合計額
　　　÷純資金流出額（＝資金流出額－資金流入額）≧100%

したがって、「算入可能適格流動性資産」「資金流出額」「資金流入額」が計算できれば、LCRは算出できることになる。実際の算出にあたっては、金融庁公示を参照することが必要であるが、概略を整理するために、金融庁・日本銀行によるLCRの主な項目と掛け目一覧[19]をあげておく（図表7－7参照）。

図表7－7　LCRの主な項目と掛け目一覧

1　適格流動資産	
項　目	掛け目
レベル1資産	
現金、中銀預金（危機時に引出し可）、リスクウェイトが0%の国債等リスクウェイトが0%でない母国政府・中銀の母国通貨建て債務等	100%
レベル2資産（適格流動資産全体の40%を上限）	
レベル2A資産	

---

[19]「流動性規制（流動性カバレッジ比率）に関するバーゼルⅢテキスト公表―流動性カバレッジ比率の主要な項目の確定―」（金融庁／日本銀行、2013年1月）

	リスクウェイトが20％の政府・中銀・公共セクターの証券・保証債　高品質（AA－以上）の非金融社債、カバードボンド、事業会社CP	85％
レベル2B資産（適格流動資産全体の15％を上限）		
	RMBS（AA格以上）	75％
	非金融社債（A＋～BBB－）・上場株式（主要インデックス構成銘柄）	50％

2　主な資金流入項目（資金流出総額の75％を上限）	
項　目	掛け目
以下を担保としたリバース・レポと証券借入	
レベル1資産	0％
レベル2A資産	15％
レベル2B資産（適格RMBS）	25％
レベル2B資産（その他）	50％
その他全資産	100％
カウンターパーティー毎のその他資金流入	
リテール向け健全債権	50％
事業法人（リテールを除く）、政府・公共セクター向け健全債権	50％
金融機関・中銀向け健全債権	100％
金融機関から付与されている与信・流動性ファシリティ	0％
デリバティブのネット受取	100％

3　主な資金流出項目	
項　目	掛け目
リテール預金（中小企業預金を含む）	
安定預金[注1]	5％
準安定預金[注2]	10％
ホールセール調達	
無担保調達	
オペレーショナル預金[注3]（付保対象）	5％
オペレーショナル預金（付保対象外）	25％
（上記以外の）事業法人、政府・中銀・公共セクターからの調達（預金全額付保）	20％

	（上記以外の）事業法人、政府・中銀・公共セクターからの調達（預金全額付保でない場合）	40%
	（〃）金融機関からの調達	100%
有担保調達		
	レベル1資産を担保とした調達	0%
	レベル2A資産を担保とした調達	15%
	レベル2B資産（適格RMBS）	25%
	レベル2B資産（その他）	50%
	中銀からの調達（政府・公共セクターからの調達：25%＜レベル1、2A担保く＞）	0%
	上記以外の有担保調達	100%
与信・流動性ファシリティ[注4]		
	与信ファシリティ（未使用額）	
	事業法人（リテールを除く）、政府・中銀・公共セクター向け	10%
	金融機関向け	40%
	流動性ファシリティ（未使用額）	
	事業法人（リテールを除く）、政府・中銀・公共セクター向け	30%
	金融機関向け（LCR適用対象先のみ40％、それ以外は100％）	40%
デリバティブのネット支払		100%

(注1) リテール安定預金とは、付保対象かつ顧客との関係が強固（給与振込先口座である等）な預金。当該預金が、一定の条件（預金保険制度について事前積立方式を採用していること、預金保険発動後、速やかに預金者が付保預金を引出可能であること（7営業日以内が目安）、LCRで想定するストレス状況下の付保預金の流出率が3％を下回る実績があること等）を満たすと3％の流出率を適用可。
(注2) リテール準安定預金とは、安定預金と残存期間30日超の定期預金を除く預金。各国裁量で10％より高い流出率を設定可。
(注3) オペレーショナル預金とは、クリアリング、カストディ、キャッシュマネジメントを目的とする預金（協同組織金融機関の系統預金の最低預入額を含む）。当該預金が預金保険によって全額保護されている場合は、リテール安定預金と同じ取扱いを適用可。なお、預け側の資金流入は0％。
(注4) 表中に該当しない与信・流動性ファシリティについては、リテール向けの流出率が5％、その他の法人（SPE、導管体等）向けの流出率が100％。
(資料) 金融庁・日本銀行

実際には、各項目の額に対して、掛け目を乗じた数値を合計し、「算入可能適格流動性資産」「資金流出額」「資金流入額」の額が算出される。繰り返しになるが、筆者はこうした画一的な掛け目により経済的な流動性リスクと規制上の流動性リスクが乖離してしまう可能性はゼロではないと考えている。

(2) NSFR

NSFRは、「利用可能な安定調達額」を「所要安定調達額」で除した比率である。バーゼル銀行監督委員会は、2010年12月に公表したバーゼルⅢにて、新たにNSFRを加えた[20]。

NSFRの目的は、流動性リスクの長期的安定性を高めることであり、資産・負債が持続可能な満期構造を保つようにデザインされ、100％以上を保つことが求められる。金融庁において現在対応中だと思われるが、バーゼル銀行監督委員会は、2018年1月から適用開始を予定している。

NSFR＝利用可能な安定調達額÷所要安定調達額≧100％

LCRと同様に、利用可能な安定調達額における各項目、所要安定調達額における各項目に対して、掛け目を乗じた数値を合計することでNSFRが算出される。概略を整理するために、金融庁・日本銀行による[21]、NSFRの主な項目と掛け目一覧をあげておく（図表7-8参照）。

---

20 2014年10月、バーゼル銀行監督委員会は、安定調達比率の最終版を公表。
21 「安定調達比率（Net Stable Funding Ratio：NSFR）最終規則の概要」（金融庁／日本銀行、2014年11月）

図表7-8　NSFRの主な項目と掛け目一覧

所要安定調達額【NSFRの分母】	
項　目	算入率
・現金、中銀預け金及び残存6か月未満の中銀向け与信	0%
・処分制約のないレベル1資産 　（現金、中銀預け金、残存6か月未満の中銀向け与信を除く）	5%
・レベル1資産を担保とした金融機関向け貸付（残存6か月未満）	10%
・処分制約のないレベル2A資産 ・レベル1資産以外を担保とした金融機関向け貸付及び無担保の金融機関向け貸付（残存6か月未満）	15%
・処分制約のないレベル2B資産 ・6か月以上1年未満の処分制約のある資産 ・処分制約のない金融機関向け貸付（残存6か月以上～1年未満） ・自行以外の金融機関に預け入れているオペレーショナル預金 ・上記以外の処分制約のない資産（残存1年未満）	50%
・処分制約のない住宅ローン（残存1年以上、RW35%以下） ・処分制約のない、非金融機関、ソブリン、中銀、PSE等向け貸付（残存1年以上、RW35%以下）	65%
・金などのコモディティ資産 ・処分制約のない正常債権（残存1年以上、金融機関向けを除く） ・デフォルトしていない、高品質流動資産（HQLA）以外の証券 ・デリバティブに関連して差し入れている当初証拠金	85%
・1年以上の処分制約のある資産 ・デリバティブ資産からデリバティブ負債を差し引いた額（各々、条件を満たす変動証拠金との相殺を勘案後）がプラスの場合、その金額 ・デリバティブ負債額（変動証拠金との相殺前）の20%相当の金額 ・その他資産（デフォルトしている証券、固定資産等）	100%

利用可能な安定調達額【NSFRの分子】	
項　目	算入率
・規制上の資本（但し、残存1年未満のTier2は除く） ・長期負債（残存1年以上）	100%
・個人・中小企業からの「安定」預金 　（満期の定めなし、または残存1年未満）	95%

・個人・中小企業からの「準安定」預金 （満期の定めなし、または残存1年未満）	90%
・非金融業の企業顧客からの預金等（満期の定めなし、または残存1年未満） ・ソブリン、PSE等からの資金調達（満期の定めなし、または残存1年未満） ・オペレーショナル預金 ・その他の負債（金融機関、中銀からの資金調達を含む、残存6か月以上〜1年未満）	50%
・その他の負債（金融機関、中銀からの資金調達を含む、残存6か月未満） ・その他の資本 ・デリバティブ資産からデリバティブ負債を差し引いた額（各々、条件を満たす変動証拠金との相殺を勘案後）がマイナスの場合、その絶対値の金額	0%

（注1） レベル1、2A、2B資産はLCRの分子として算入できる高品質流動資産（HQLA）。市場流動性等の高低に応じて3分類されている。
（注2） RWは、バーゼルⅡ・信用リスクの標準的手法におけるリスクウェイトを指す。
（注3） 担保に差し入れている資産について、差入期間が6か月〜1年の場合は算入率を50%、1年超の場合は算入率を100%とする（担保に差し入れていない状態でこれらの算入率を上回る資産については、担保に差し入れる場合でも算入率は不変とする）。
（資料） 金融庁・日本銀行

第 8 章

流動性リスクの管理・運営

本章では、流動性リスク管理方針として、流動性リスク限度額の設定、流動性リスクのモニタリング・コントロール、および流動性危機管理（コンティンジェンシー・プラン）の3つの方針について述べることとする。

第 1 節

流動性リスク限度額の方針

1 流動性リスク限度額を設定する意義

　金融機関は、十分な流動性を確保することを目的として限度額の設定を行うことが求められる。流動性リスク限度額の設定は、流動性リスク管理において欠かすことのできない重要な要素である。

　金融機関の実際の流動性リスクに係るエクスポージャーをリスク限度額との比較で表現することによって、流動性リスクの状況に関する情報を関連部門間で共有することや経営層に対して報告することが容易になるため、流動性リスク管理方針において設定されたリスク限度額は、流動性リスクのモニタリングおよびコントロールのプロセスにおける重要な指標として用いられることになる。またリスク限度額は、流動性リスク管理方針の策定において用いられるだけではなく、目指すべき信用力水準の維持といった経営上の戦略目標とも関連する重要な指標と位置づけられる。

2 流動性リスク限度額の種類

　流動性リスクの限度額として設定すべき指標は、金融機関の流動性リスクの状況や流動性リスクの把握・計測方法によって変わりうるが、たとえば前章のマチュリティラダーの分析に使用した図表7－6に関しては、以下の2種類の指標に関して限度額を設定することが考えられる。
① 　ネット累積資金流出額

②　ネット資金ギャップ

　これらに関する限度額は、将来の複数の期間に対して、累積額として設定される必要がある。金融機関は、自らの資金収支の状況、マチュリティラダーの作成方法、資金調達先の確保状況、危機管理方針との関係等を勘案して、将来の期間ごとの限度額を設定することになる。

3　流動性リスク限度額の設定に係る検討ポイント

　流動性リスク限度額は、各々の金融機関の資金収支の特性等によって決定されるべきものであるが、一般的に限度額決定にあたって必要となる検討ポイントとして以下があげられる。

(ⅰ)　資本の状況および利益の水準

　前章で述べたように、資本の十分性自体は、必ずしも流動性リスクに対するバッファーとはならないが、資本または利益水準に十分な余裕がある金融機関は、緊急時の資金調達先を確保するための高い信用力を維持できる可能性があることから、相対的に大きな流動性リスクのエクスポージャーにも耐えうることができる傾向があると考えられる。

(ⅱ)　リスク選好度

　金融機関ごとに、リスクを最小化する、あるいは健全性を確保できる範囲内で極力リスクをとるといったリスクテイク方針の違いがあるため、流動性リスクの限度額設定の際には、こうした金融機関ごとのリスク選好度を反映することが必要となる。

(ⅲ)　流動性リスクの評価の正確性

　前章で述べたとおり、流動性リスクの評価はさまざまな前提条件のもとで行われるため、この前提条件の設定がどの程度の正確性をもっているかによって流動性リスク限度額の設定水準は変わりうる。前提条件の正確性が低いと判断される場合においては、リスク限度額の設定をより保守的に行う、あるいはアラームポイント（後述）をリスク限度額とは別に設定しておく、

ということが必要となろう。

(iv) 売却可能な資産の状況

即時に現金化が可能な資産の保有量は、リスク限度額の設定に影響を与える。また、異なる種類の売却可能な資産を分散したかたちで保有している場合には、単一の資産で保有する場合と比べて、より大きい流動性リスクのエクスポージャーにも耐えうると考えられる。

(v) コミットメントライン等による資金需要拡大の可能性

新規のローンの申込みやコミットメントラインの使用枠の拡大の可能性を考慮に入れる必要がある。

(vi) 預金の特性

急激な預金流出の可能性や預金量の増加ペースの鈍化等、資金収支に影響を与える預金特性を見極める必要がある。

(vii) 資金調達先の確保状況

流動性を確保するための資金調達先の確保状況は、流動性リスクのエクスポージャーとして容認できる範囲に影響を与える。

(viii) 流動性リスク以外のリスクの状況

流動性リスク限度額は、流動性リスクの状況のみによってではなく、市場リスクや信用リスクの大きさも考慮したうえで決定されるべきである。

4　期間別の限度額設定

限度額の設定は単一の期間に対してのみ行うのではなく、翌日まで、2日後まで、3日後まで、1週間後まで、2週間後まで、1カ月後までといったかたちで、複数の異なる期間に対して異なる限度額を設定することが必要となる。

5　補足的な流動性リスク限度額指標の使用

　主要な限度額の指標としては、前述のようにネット資金流出額とネット資金ギャップがあげられるが、金融機関の流動性リスクの状況に応じて以下のような指標を補足的に用いることも考えられる。

① 　前章の資産・負債バランス評価（図表 7 – 5 ）における、流動性資産超過額
② 　借入れや定期預金のように期間の定めがある負債の占める割合が高い場合には、負債の満期の集中度合いに関する上限
③ 　オフバランスのコミットメントラインの提供額が大きい場合には、その上限額
④ 　資金調達先の分散度合いが低い場合には、その集中度合いに関する上限

6　限度額設定とシナリオ分析

　流動性リスクの評価はさまざまな前提条件のもとでなされるものであるため、リスク限度額と比較される流動性リスクのエクスポージャーの算出値にはある程度の誤差が含まれていると考えられる。したがって、リスク限度額に抵触したことをもって即座にリスク削減等の対応を行うことが現実的ではない場合もある。

　こうした場合に対処するため、実務上は、リスク限度額とともにアラームポイントの設定をしておき、アラームポイントに抵触した場合には、追加的な原因分析を行うといったかたちでより詳細なモニタリングの対象にする、という運用が考えられる。

　また、現状の流動性リスクに係るエクスポージャーと限度額を比較するための分析は、単一のシナリオに対してのみ行うのではなく、考えられる複数のシナリオに対して実施することが必要となる。考えられる状況を複数想定

し、それぞれの状況に関するシナリオを作成するとともに、複数のストレスシナリオに対する流動性リスクのエクスポージャーを算出し、それをあらかじめ設定した限度額と比較することが求められる[1]。

7　流動性リスク限度額の見直し

　流動性リスク限度額およびアラームポイントは、市場環境の変化、金融機関の戦略目標の変化、資産および負債の状況の変化等に応じて見直しを行うことが重要である。一般的には、年に１回程度の頻度で検証を行い、検証の結果必要と判断される場合には限度額の見直しを行うということが考えられる。

　また、市場環境が大きく変化する場合には、定期的な見直し時期以外のタイミングにおいても柔軟に見直しを行うことが可能な態勢を構築しておくことが必要である。

8　流動性リスク限度額を超過した場合の対応

　流動性リスク限度額の超過が生じた場合には、以下のいずれかの対応をする必要がある。
① 　現状のリスク限度額超過は一時的には容認可能な水準であると判断し、超過している現状を例外的に認める。一時的に容認可能と判断する基準および判断の手続を事前に明確にしておくことが求められる。
② 　リスク限度額の設定値が妥当ではないために変更の必要があると判断し、リスク限度額を超過している状態を将来にわたって容認する。流動性

---

[1] バーゼル銀行監督委員会の「銀行における流動性管理のためのサウンド・プラクティス」では、「銀行は、流動性ポジションに関する様々なストレス・シナリオにより起こりうる影響を分析し、その結果に従って限度枠を設定すべきである」とされている。また、金融検査マニュアルでは、流動性の逼迫度の区分として、平常時・懸念時・危機時という分類が示されている。

リスク管理部門がリスク限度額の変更の必要性について経営層の決済を求めるための手続を、事前に明確にしておくことが求められる。

③　現状のリスク限度額超過は容認できない水準であると判断し、流動性リスクのエクスポージャー削減のための手続を実行に移す。流動性リスク削減のための手続は事前に明確に定めておく必要がある。リスク限度額超過の状況および超過の度合いに応じて、流動性リスク管理部門から経営層への報告を義務づけることも必要となる。

金融機関の流動性リスク管理方針や業務の特性を考慮して、リスク限度額の超過が生じた場合の対応に関する方針を定めておくことが必要となる。

第 2 節

流動性リスクのモニタリング・コントロール

1 流動性リスクのモニタリング・コントロールプロセス

　流動性リスクのモニタリング・コントロールプロセスは、流動性のモニタリングおよび必要に応じたコントロールによって実施される。日々のモニタリング・コントロールプロセスは以下のとおりである。
① 流動性リスク管理に関して情報システムから定期的に出力されるデータの妥当性を検証する。
② 流動性リスクの状況が変化した場合には、その変化の原因を、個別の業務部門および取引のレベルまでさかのぼって特定する。
③ そのうえで、流動性リスクが限度額の範囲内に収まっていることを確認する。
④ 経営層への定期的な報告を行う。
⑤ リスク限度額の超過が発生している場合には、事前に定められた判断基準および手続に従って、一時的な容認、リスク限度額の変更、リスク削減のいずれかの対応を行う。

　なお、流動性リスクのエクスポージャーの削減やリスク限度額超過の原因の特定にはある程度の時間を要すること、および情報システムの出力値に含まれる誤差に関する分析を行う必要があることから、リスク限度額超過が発生した場合の手続は、警告を発することから開始して、最終的にはリスク削減の手続に入るといった、段階的なものとしておくことが必要である[2]。

2　モニタリング・コントロールの内容

　流動性リスクのモニタリング・コントロールの内容は、金融機関の規模、事業の特性、流動性リスクの特性、流動性リスク管理システムの内容によって異なると考えられるが、流動性リスクのモニタリング・コントロールとしてもつべき機能は一般的に以下のとおりである。

(1)　分析の前提条件の検証

　前章のとおり、流動性リスクの特定および評価は、さまざまな条件に関して前提を仮定することによって行われている。モニタリング・コントロールのプロセスにおいて、定期的にこれらの前提条件の妥当性を検証することが重要となる。特に、流動性リスクの評価の際に前提としていた資産・負債の状況や外部環境に変化が生じていないかということは、定期的に検証すべき事項となる。シミュレーション分析を行うための複雑なシステムを導入している金融機関においては、モデルの考え方や前提条件の設定内容に関する検証も必要とされるであろう。

(2)　流動性リスク限度額の遵守状況のモニタリング

　リスク限度額の遵守状況を定期的にモニタリングする。流動性リスクの状況が変化した場合には、その変化の原因を特定する。

(3)　流動性リスク限度額の超過に対する対応

　リスク限度額の超過が生じた場合には、事前に定められた手順に従って警告の発令やリスク削減手続等の対応を行う。

2　後述するように、コンティンジェンシー・プラン発動の条件が満たされた場合には、通常の段階的手続ではなく、コンティンジェンシー・プランとして用意された手続に移行することとなる。

(4) モニタリング基準の変更

流動性リスクの評価方法、リスク限度額の設定方法、リスク限度額超過への対応方法等に関する方針を変更する必要性が生じた場合には、その必要性の理由を明らかにして、経営層からの承認を得るための手続に入る。

(5) 経営層への報告

流動性リスクに係るエクスポージャーを、リスク限度額との比較において定期的に経営層に報告する。リスク限度額を超過していない場合においても、リスク限度額への接近度合いに関する情報を提供する。経営層は、提供された情報に基づいて判断を行うために、流動性リスクの内容や管理方針に関して十分に理解していることが求められる。

第 3 節

流動性危機管理（コンティンジェンシー・プラン）

1 流動性危機とは

　流動性危機とは、通常のモニタリング・コントロールプロセスでの対処の範囲を超えるような、生じる可能性は非常に低いものの、生じた場合の影響度がきわめて大きい、危機的な流動性の状態をいう。急激でかつ予想を超えるような資金需要に対する十分な流動性が確保できない状態であるともいえる。

　一般的に流動性危機は、予想を超える資金需要または流動性確保力の低下によって引き起こされる。流動性危機を引き起こす内生的要因および外生的要因としては、たとえば以下が考えられる。

(1) 内生的要因

① コミットメントラインの引出し
② 預金の引出し
③ 新規預金量の低下
④ 流動性リスク以外のリスクの顕在化による損失発生
⑤ 金融機関自身の信用力低下等による資金調達力の低下

(2) 外生的要因

① 売却可能な資産の市場価格の低下
② 市場全体の信用収縮

③　金融市場全体での決済機能の一部不全

　これらに共通していえることは、発生するシナリオの内容に関する正確な予想がむずかしく、その発生頻度および発生した場合の影響度の予想も困難であるということである。

2　コンティンジェンシー・プランの必要性

　流動性危機への対応策がコンティンジェンシー・プランである。ここでは、コンティンジェンシー・プランを策定することの必要性を考察する。

　金融機関として経済システムに対する流動性の提供機能をもつ以上、自らが流動性リスクにさらされることは避けられない。したがって、日常的に流動性リスクの管理に努めたとしても、危機的状況における流動性の確保を100%の確実性をもって行うことは困難である。危機的状況においても確実に流動性を確保するためには、即時に現金化が可能な資産を莫大に保有していればよいという考え方もあるが、株式会社として企業価値の向上をも目指す必要のある金融機関経営者にとって、このことによって発生する機会損失を正当化することは困難である。

　他方で、リスク管理の立場からは、発生する確率がきわめて低いとしても、生じた場合には危機的な状態をもたらすような事象への備えを事前にしておくということは必要と考えられる。

　コンティンジェンシー・プランとは、通常の状態において想定している流動性リスクの状況と、考えられる最悪のケースにおける流動性の状況との乖離を可能な限り埋めるために存在しているといえよう。

　前節で述べたとおり、流動性危機の内容や発生頻度、影響度を事前に予想することは困難であるが、流動性危機の発生を早期に感知するための手続を定めて、起こりうる事象に対する準備態勢を整備しておくことによって、実際に流動性危機が生じた場合に、流動性がさらに悪化する方向での悪循環が生じて最悪の結果を招くことを防止することができるのである。

第 8 章　流動性リスクの管理・運営

3 コンティンジェンシー・プラン策定に関する基本的な考え方

コンティンジェンシー・プランを策定するにあたって、ふまえておくべき基本的事項を以下にあげる。

(1) 事前の準備態勢の構築の必要性

一般的に、流動性危機は段階を踏んで生じるものと考えられる。流動性危機の兆しがまず現れ、徐々にそれが顕在化し、最悪の場合には金融機関の破綻という結末となる。この一連の段階の進行は、数日間あるいは数週間といった短期間で進行する場合もあれば、数カ月間あるいは1年以上をかけて徐々に進行する場合もある。

初期の段階においては新規の資金調達が比較的容易であるものの、末期的な段階においては中央銀行からの特別融資を除いて資金調達手段が得られないという状況に陥ることも想定される。そのため、危機的状況が進行してから対応策を検討し実行に移すということでは手遅れとなる場合があり、可能な限り早期に流動性危機の発生の兆しを把握することが重要となる。また、流動性危機の兆しを把握した場合に実行すべき事項を、事前に準備しておくことが重要である。

(2) 危機的状況における資金調達の特性の理解

通常の状態において確保できている資金調達手段は、危機的状況においてはまったく用いることができない可能性が高いということを十分に理解すべきである。金融機関自身の信用力の低下に対して、取引相手は敏感に反応することが一般的である。

危機的状況の早期段階においては、通常よりも高いコストを支払うことによって新規の資金調達を行うことも可能である場合が多いが、危機的状況が

一定以上進行すると、支払うコストにかかわらず、資金調達自体が困難になり、最終的には有担保での調達以外は行うことができなくなるが、この段階においては担保となる資産を金融機関が保有していないということが予想される。

(3) コンティンジェンシー・プランの内容を決定する際の考え方

　コンティンジェンシー・プランの内容は、金融機関の事業の特性や流動性リスクの特性によって異なると考えられるが、コンティンジェンシー・プランの内容を決定するにあたって必要となる一般的な考え方は以下のとおりである。

① 早期に危機的状況の発生の兆しを把握するための仕組みが不可欠となる。バーゼル銀行監督委員会の「銀行における流動性管理のためのサウンド・プラクティス」でも、「どのような流動性の問題に関しても、最初の数日間が安定性を維持するうえで重要である」とされている。

② 流動性危機が生じた場合の対応手段および手続を事前に定めておくことが必要となる。実際に危機的状況が生じた場合には、経営層や流動性リスク管理の担当部門は逼迫した状況に追われて、時間をかけて対応策を練る余裕がないということが考えられるため、コンティンジェンシー・プランを事前に定め、危機的状況の発生時には、事前に用意したコンティンジェンシー・プランのメニューからの選択を行うというかたちで対処するということが求められる。

③ 考えられる複数の状況を想定し、それぞれの状況に対するコンティンジェンシー・プランを策定しておく必要がある。複数の状況を想定する際には過去に生じた事例が参考になるが、過去の事例に過度に重きを置くのではなく、あくまでも将来において生じる可能性のある事象を想定する、ということを重視すべきである。

④ コンティンジェンシー・プランの内容は定期的に検証され、見直されるべきである。また、金融機関自身の状況の変化や外部環境の変化が生じた

場合には、必要に応じて柔軟にプランの変更を行えるようにしておくことが望ましい。
⑤ コンティンジェンシー・プランは、流動性リスク以外のリスク管理の内容と関連づけておく必要がある。市場リスク管理や信用リスク管理態勢においてなんらかの危機的状況が感知された場合には、コンティンジェンシー・プランを実行に移さなければいけない状況になっていることも考えられるためである。
⑥ コンティンジェンシー・プランは、その実行可能性を十分に検証されたものでなければならない。

4　コンティンジェンシー・プラン発動の基準

前節で述べたとおり、可能な限り早期に危機的状況の発生の兆しを把握することが、コンティンジェンシー・プランを有効に機能させ、危機的状況の進行を止めるためには不可欠となる。

定性的および定量的の両面に関する指標を複数用意しておき、それらの指標のうち一定数が満たされたことをもって、危機的状況が発生したと判断するような客観的な基準の作成が必要である。これによって、実際に危機的状況が発生しているのかどうかという議論を繰り返して、危機的状況に対応するための時間が失われてしまうことを防ぐことができる。

コンティンジェンシー・プラン発動基準のための複数の指標は、内生的要因と外生的要因別、流動性危機の進行段階別に定めておくことが考えられる。

(1) 内生的要因

① 流動性危機の初期段階の判断基準としては、リスク限度額の一部超過、利益水準の低下、業界内における自身の株価の相対的低下、資金調達の際のスプレッド拡大等が考えられる。

② 流動性危機の進行段階の判断基準としては、リスク限度額の恒常的な超過、資金調達条件のさらなる悪化、自身の外部格付の低下、不良債権比率の増加、貸倒損失の顕在化等が考えられる。

(2) 外生的要因

① 流動性危機の初期段階の判断基準としては、マクロ経済指標の悪化、市場全体での信用スプレッドの上昇、資産価格の下落等が考えられる。
② 流動性危機の進行段階の判断基準としては、信用収縮の発生、資本市場全体での安全資産へのシフト、金融業界全体としての格付低下、売却可能な資産の流動性低下等が考えられる。

5　コンティンジェンシー・プランの具体的な策定

　一般的に、コンティンジェンシー・プランに求められる要素は以下のとおりである。
① コンティンジェンシー・プランは、実際に流動性危機が生じた場合に、流動性がさらに悪化する方向での悪循環が生じて最悪の結果を招くのを防止することを意識して作成する必要がある。
② 考えられる個別のシナリオに対して、具体的かつ詳細な対応内容を記述したものでなければならない。
③ コンティンジェンシー・プランの発動および実行が、モニタリング・コントロールのプロセスに組み込まれていることが求められる。
④ コンティンジェンシー・プランの内容は、シナリオ別、流動性危機の進行段階ごとに定めておくことが必要となる。
⑤ 危機の初期段階用のメニューとしては、以下のように、比較的コストがかからない方法によって流動性を早期に回復させるための対応策が中心となると考えられる。
・経営層への報告頻度を高める

- ・報告内容をより詳細にする
- ・資金収支の予想の精度を高める
- ・売却可能な資産の精査を行う
- ・資金調達先の確保状況を精査する

⑥ 危機が進行した段階用のメニューとしては、以下のように、コストがかかってでもこれ以上状況を悪化させないための対応策を用意することとなる。

- ・現金化が可能な資産の保有量を高める
- ・資金借入枠拡大の交渉を行う
- ・最悪シナリオを含めたシナリオ分析を詳細に行う
- ・預金流出を抑制するための方策を実行に移す
- ・監督当局と対応策を協議する
- ・新規のローンを抑制する

⑦ 危機の最終段階においては、以下のように、流動性を枯渇させないためのあらゆる方策を実行に移すためのコンティンジェンシー・プランが必要になる。

- ・新規のローンを停止する
- ・新規の資産運用業務を停止する
- ・非流動性資産を売却する

⑧ コンティンジェンシー・プランの策定にあたっては、流動性危機への対応策に関する抽象的な考え方を定めておくのではなく、複数の具体的なメニューから選択できるかたちにしておく必要がある。

6 流動性危機管理のための態勢

コンティンジェンシー・プランの一部として、危機的状況に対処するための内部態勢を明確にしておくことが必要である。このことによって、危機的状況の発生を受けて実際にコンティンジェンシー・プランを実行に移すこと

が可能となる。

　危機的状況の兆しが生じた場合には、経営層への報告頻度を高め、また報告内容を詳細にすることが必要である。事前に定められた基準に照らして、コンティンジェンシー・プランを発動する必要性があると判断された場合には、危機的状況に対処するために、事前に割り当てられた担当部門および担当者がすみやかに行動を開始することが求められる。

　また、危機的状況の発生時においては、金融機関内での情報の共有化だけでなく、外部関係者、すなわち預金者や資金調達先、監督当局、マスメディアに対して適切な情報提供を行って対話をすることが重要となる[3]ため、このような外部関係者への連絡手段、情報提供の方法等に関しても、事前の計画策定に含めておくことが望ましい。

---

[3] バーゼル銀行監督委員会の「銀行における流動性管理のためのサウンド・プラクティス」では、「銀行は世間、特に主要な債権者や取引先に対して、適切な量の情報を確実に継続して提供すべきである」「コンティンジェンシー・プランの一部として、銀行は自行にとってマイナスの影響がある情報が広まった場合に、どのように通信社やテレビ等のメディアに対処するかについて決めておかなければならない」とされている。

市場リスク・流動性リスクの評価手法と態勢構築

平成27年9月25日　第1刷発行

監修者　森　本　祐　司
著　者　栗　谷　修　輔
　　　　久　田　祥　史
発行者　小　田　　　徹
印刷所　奥村印刷株式会社

〒160-8520　東京都新宿区南元町19
発　行　所　一般社団法人　金融財政事情研究会
　　　　編集部　TEL 03(3355)2251　FAX 03(3357)7416
販　　売　株式会社きんざい
　　　　販売受付　TEL 03(3358)2891　FAX 03(3358)0037
　　　　URL http://www.kinzai.jp/

・本書の内容の一部あるいは全部を無断で複写・複製・転訳載すること、および磁気または光記録媒体、コンピュータネットワーク上等へ入力することは、法律で認められた場合を除き、著作者および出版社の権利の侵害となります。
・落丁・乱丁本はお取替えいたします。定価はカバーに表示してあります。

ISBN978-4-322-12695-2